Vorarlberg und Liechtenstein

Hilda und Jörg Heine

Bergwanderungen in Vorarlberg und Liechtenstein

50 ausgewählte Spaziergänge, Bergwanderungen und Radtouren

BERGVERLAG RUDOLF ROTHER GMBH · MÜNCHEN

Umschlagbild:
Bei Argenzipfel im Bregenzerwald,
im Hintergrund die Üntschenspitze.

Foto: Dieter Seibert.

Bildnachweis (Seitenzahlen):
VA Bregenz, S. 22, 117, 119. VA Feldkirch, S. 17, 35.
Galehr, Ludwig, S. 57. Grimm, Eberhard, S. 68.
VV Großwalsertal, S. 37, 38, 41, 43.
VA Hard, S. 14, 103. Gem. Kennelbach, S. 24.
VA Kleinwalsertal, S. 70. VA Lech, S. 6. VA Lustenau, S. 107.
LB Vorarlberg, S. 11, 12, 21, 30, 49, 51, 53, 54,
73, 75, 77, 96, 98, 110, 113.
LV Vorarlberg, S. 19, 27, 28, 33, 45, 47, 62,
65, 67, 78, 81, 98, 101.
Vorarlberger Illwerke, S. 59, 61. Gem. Sibratsgfäll, S. 105.
Storto, Walter, S. 15. VA Vaduz, S. 82, 85, 87, 89, 91, 95.

Kartenskizzen: © Freytag & Berndt, Wien.

Zeichnung S. 114/115: Sebastian Schrank.

Die Ausarbeitung aller in diesem Führer beschriebenen Anstiege
und Routen erfolgte nach bestem Wissen und Gewissen der Autoren.
Die Benützung dieses Führers geschieht auf eigenes Risiko.
Soweit gesetzlich zulässig, wird eine Haftung für etwaige Unfälle
und Schäden jeder Art aus keinem Rechtsgrund übernommen.

Bergverlag Rudolf Rother GmbH, München
1. Auflage 1991

ISBN 3-7633-4085-8

Gesamtherstellung Rother Druck GmbH, München
(2278/0194)

Vorwort

Das kleine Land Vorarlberg bietet in seinen neun Regionen eine abwechslungsreiche Fülle von Möglichkeiten sowohl die Landschaft als auch das Freizeitangebot betreffend.
Beginnen wir beim Bodensee und Rheintal: Im ganzen Land ist das Seeufer geschützt und frei zugänglich. Schwimmen, Rudern, Segeln, große Strandbäder mit allem Komfort oder stille Naturufer bieten dem Gast ungetrübte Urlaubsfreuden. Am Abend kann er sich bei den Bregenzer Festspielen und anderen Kunstdarbietungen unterhalten. Die nahen Bergrücken verlocken zu erlebnisreichen Wanderungen.
Das anschließende Oberland (Feldkirch) liegt an der Grenze zur Schweiz und Liechtenstein und ermöglicht schon höhere Bergwanderungen sowie den Besuch lieblicher, kleiner Bergdörfer.
Das angrenzende Fürstentum Liechtenstein ist ein ganz besonderes Erlebnis für den Besucher: ein eigenständiger Kleinstaat mit perfekten Einrichtungen und lohnenden Tourenmöglichkeiten.
Im Großwalsertal lernen wir die Walser-Siedlungen kennen. Weitverstreut an einsamen Hängen und steilen Bergflanken siedelten diese Bergbauern ihre Einzelhöfe bis über der Waldgrenze an. In der Propstei St. Gerold bieten Künstler von Weltruf Musik- und Literaturveranstaltungen an.
Die Region Brandnertal / Bludenz ermöglicht von der Alpenstadt aus Touren bis in die vergletscherte Region des Bergriesen Schesaplana. Der dortige Verkehrsverband bietet jede erdenkliche Hilfe und Information.
Im Montafon türmen sich zu beiden Seiten die hohen Gipfel bis in die Gletscherregion. Über die Silvretta-Hochalpenstraße erreichen wir die Ausgangspunkte der verlockenden Hochtouren des Rätikon, der Silvretta- und Verwallgruppe. Erholsame Kuren, Sommerspaß im Alpenbad und glückliche Abende bei Sommerkonzerten sind ein Teil des reichhaltigen Montafoner Angebotes.
Das Klostertal verbindet die bequemen Talniederungen mit den „sportlichen" Höhen. Eine rauhe, unverbrauchte Landschaft hat die Menschen geprägt. Gastfreundschaft und Offenheit werden hier groß geschrieben. Der sportliche Wanderurlauber findet hier seinen idealen Platz.
Die Region Lech / Arlberg inmitten stolzer Berge bietet Wanderungen am Saum klarer Seen mit herrlichem Panorama. Ein Alpenbad, gute Gaststätten und eine abwechslungsreiche Bergwelt bieten ein individuelles Programm.
Das Kleinwalsertal gehört politisch zu Österreich und zollrechtlich zu Deutschland, hat also von jedem Staat etwas. Die tüchtigen Walser leben in einem abgeschlossenen Tal, aus dem sie viel gemacht haben.

Der Bregenzerwald mit Vorderwald und Hinterwald hat Brauchtum und ländliche Bauweise von der Geschichte in die Gegenwart gerettet. Hier merkt man noch die solide Eigenständigkeit und Rechtschaffenheit der „Wälder". Sommerrodelbahn, Alphüttentouren mit Bauernjause, Nachtwandern mit der Sturmlaterne zu den Naturwundern und zur Tierwelt, eine Abenteuertour in die Schneckenlochhöhle und auch deftige Hausmannskost sind nur einige Besonderheiten des „Waldes".
Radwanderungen in Vorarlberg, Liechtenstein und rund um den Bodensee führen auf ausgesuchten, betafelten Radwegen abseits des Verkehrs in gemütlichen Tagesrunden durch das Land.

Hard, im Winter 1990 Hilda und Jörg Heine

Talblick auf die Gemeinde Lech am Arlberg.

Inhaltsverzeichnis

Touristische Hinweise

Zum Gebrauch des Führers

Das Inhaltsverzeichnis gliedert das Gebiet in Regionen. Zur Vermeidung einer Behinderung durch Schnee sind die Höhenangaben zu beachten. Auskunft über Schwierigkeitsgrad und Gehzeit findet man im Vorspann jeder Tourenbeschreibung. Im Stichwortverzeichnis am Schluß sind alle behandelten Berggruppen, Talorte, Stützpunkte und Tourenziele angeführt. Die Übersichtskarte auf der letzten Seite macht die Auswahl einfach. Die Wegbeschreibung ist detailliert, so daß man den Führer unbedingt mitnehmen sollte.

Schwierigkeit

Bei jeder Tour sind im Vorspann eventuelle Schwierigkeiten angeführt. Wer einmal den Weg verfehlt, sollte nicht über unbekanntes Gelände auf- oder absteigen, sondern umkehren und nach der Beschreibung den richtigen Weg suchen.

Wegmarkierungen

Die Wege sind leider nicht immer durchlaufend markiert; im Zweifelsfall ist genau auf den Text zu achten.

Gefahren

Bei Einbruch von Nebel oder wenn man von der Dunkelheit überrascht wird, können Gefahren auftreten. Rechtzeitiger Aufbruch, Mitführen einer Taschenlampe und Beachten der Wettervorhersage verringern das Risiko. Gefährlich sind auch Altschneereste im Steilhang, besonders wenn sie hartgefroren sind.

Ausrüstung

Bergschuhe, Rucksack, Strickjacke, Wollmütze, Wollhandschuhe, Anorak, Regenschutz, Wasserflasche, Wanderführer, Sonnencreme, Taschenlampe und Tourenproviant sind Voraussetzung.

Karten

Der jeder Tourenbeschreibung beigefügte Kartenausschnitt genügt, um den Weg zu finden. Wenn noch zusätzlich eine Wanderkarte vom betreffenden Gebiet mitgenommen wird, z. B. Freytag & Berndt, WK 371, 364, 1 : 50 000, hat man eine bessere Übersicht über die Umgebung.
Den Kartenausschnitten der Wanderrouten liegt der Maßstab 1 : 50 000 zugrunde, denen der Fahrradrouten 1 : 100 000.

Gehzeiten
Für 300 m Aufstieg wurde 1 Std., für 1 km ebene Strecke 15 Min. berechnet. Beim Abstieg wurde ein Drittel abgezogen. Die Zeit für Pausen muß zu den angegebenen Gehzeiten dazugerechnet werden.

Schutzhütten, Gaststätten, Restaurants
Einkehrmöglichkeiten sind im Vorspann jeder Tourenbeschreibung angeführt.

Künstliche Aufstiegshilfen
Bei einigen Touren wurden solche eingeplant, es ist aber jeweils auch der Aufstieg zu Fuß möglich.

Abkürzungen

Ghf.	=	Gasthof
Ghs.	=	Gasthaus
km	=	Kilometer
m	=	Meter
Nr.	=	Nummer
Pkw	=	Personenkraftwagen
Std.	=	Stunde(n)

Ausblick auf Dornbirn im Rheintal.

Anforderungen
Die meisten Wanderungen verlaufen auf gut instandgehaltenen und markierten Steigen und Wegen. Dies sollte jedoch nicht darüber hinwegtäuschen, daß manche Stellen Trittsicherheit und Schwindelfreiheit erfordern. Außerdem ist zu beachten, daß die Touren im Frühsommer und nach längeren Schlechtwetterperioden erhöhte Anforderungen aufweisen können.

Um die jeweiligen Anforderungen besser einschätzen zu können, wurden die Nummern der Tourenvorschläge mit verschiedenen Farben markiert. Diese Farben erklären sich wie folgt:

Diese Wege sind gut und lückenlos markiert, ausreichend breit und nur mäßig steil, daher auch bei Schlechtwetter relativ gefahrlos zu begehen. Diese Wege können auch von Kindern und älteren Leuten ohne große Gefahr begangen werden.

Diese Steige sind ausreichend markiert, überwiegend aber schmal und über kurze Abschnitte bereits etwas ausgesetzt. Kurze Strecken dieser Steige können bereits mit Drahtseilen abgesichert sein und sollten daher nur von trittsicheren, mit entsprechender Ausrüstung ausgestatteten Bergwanderern begangen werden.

SCHWARZ
Diese Steige sind ebenfalls ausreichend markiert, aber schmal und über weite Abschnitte steil angelegt. Stellenweise können sie sehr ausgesetzt sein, manchmal wird die Zuhilfenahme der Hände notwendig. Dies bedeutet, daß diese Wege nur von absolut trittsicheren, konditionsstarken und alpin erfahrenen Wanderern angegangen werden sollten.

Herbstliche Stimmung im Walgau.

Ausflugsziele und Sehenswürdigkeiten

Region Bodensee / Rheintal:
Bregenz: Vorarlberger Landesmuseum, Seilbahn auf den Pfänder mit Alpenwildpark. Martinsturm mit militärhistorischem Museum. Gebhardsberg mit Burgrestaurant und Wallfahrtskirche. Bregenzer Festspiele.
Hard: Größtes Strandbad am Bodensee, frei zugängliches Naturufer, Mittelweiherburg mit Museum über Stoffdruckerei und Formstecherei.
Fußach: Wandermöglichkeit in ein Vogelparadies am linken Rheindamm.
Lochau: Naturufer, Straße auf den Pfänder.
Wolfurt: Tierpark der Familie Doppelmayr.
Bildstein: Wallfahrtskirche und Rundblick auf die ganze Umgebung.
Lustenau: Stickereimuseum.
Lauterach: Riedgebiet mit Riedsee.
Dornbirn: Rappenlochschlucht und Alploch (begehbare Schluchten), Karrenseilbahn zu einem Aussichtsplatz auf den See und die Schweizer Berge, Vorarlberger Naturschau, Naturkundliches Museum.
Hohenems: Schubertiade, ein Treffpunkt von Musikfreunden.

Sonnenuntergang am Harder Hafen.

Region Oberland / Feldkirch:
Götzis: Mit Wallfahrtskirche St. Arbogast.
Koblach: Große Burganlage Neuburg, Heimatmuseum.
Fraxern: Kleines Bergdorf.
Viktorsberg: Bergdorf mit altem Kloster.
Rankweil: Kunstgeschichtliche Schätze in der Marienwallfahrtskirche.
Feldkirch: Mittelalterliches Stadtbild, Schattenburg mit Heimatmuseum, Wildpark auf dem Ardezenberg.

Großwalsertal:
St. Gerold: Propstei St. Gerold mit vielseitigem Kulturprogramm.
Sonntag: Heimatmuseum Großwalsertal.
Thüringerberg: Rundblick auf Schesaplana, Walgau und Rote Wand.

Brandnertal / Bludenz / Walgau:
Bludenz: Malerische mittelalterliche Altstadt, Stadtmuseum.
Bürs: Am Ausgang der Bürserschlucht.
Bürserberg: Schesatobel mit dem größten Murbruch des Landes.
Brand: Ausgangspunkt für die Douglasshütte und den Lünersee.

Blick von Raggal nach St. Gerold im Großwalsertal.

Montafon:
Bartholomäberg: Geologischer Wanderweg, Wildgehege, offener Stollen aus der Bergwerkzeit von 1700.
Schruns: Heimatmuseum, Ferienort.
Tschagguns: Ausgangspunkt für Rätikonwanderungen.
Silbertal: Mit Knappenkapelle auf dem Kristberg.
St. Gallenkirch: Ferienort mit schönen Rundwandermöglichkeiten.
Partenen: Tafamuntbahn zur Wiege, Aussichtsplatz in die Silvretta.

Klostertal:
Dalaas: Ausgangspunkt für Bergwanderungen ins Klostertal, in die Lechtaler Alpen und Verwallgruppe.
Klösterle: Seilbahn auf den Sonnenkopf.

Lech / Arlberg:
Lech: Wintersportzentrum, Sommerferienort. Historische Heimatschau.

Kleinwalsertal:
Riezlern: Walsermuseum.
Mittelberg: Naturlehrpfad.

Bregenzerwald:
Alberschwende: Heimatmuseum im Hof.
Schwarzenberg: Heimatmuseum, Kirchplatz mit alten Wälderhäusern.
Lingenau: Hallenbad Kurcenter.
Hittisau: Alpsennerei-Museum (Verkehrsverein fragen).
Bezau: Heimatmuseum (Wohnungseinrichtung). Hauptort des Bregenzerwaldes.
Egg-Ittensberg: Privatmuseum.
Bizau: Sommerrodelbahn, Schneckenlochhöhle Schönenbach (Führungen).
Schoppernau: Charakteristisches Bregenzerwalddorf.
Damüls: Hochgelegene Walsersiedlung.

Fürstentum Liechtenstein:
Vaduz: Schloß Vaduz, Postmuseum, Staatliche Kunstsammlung, Landesmuseum.
Triesenberg: Walser Heimatmuseum und Diaschau.

Rund um den Bodensee:
Zahnradbahn Heiden, Blumeninsel Mainau, Konstanzer Münster, Gottlieben, Stein am Rhein, Bodmann, Klosterkirche Birnau, Affenberg, Meers-

Die märchenhafte Basilika Rankweil.

burg mit Altstadt und Burg, Schloß Montfort in Langenargen, Wasserburg, Lindau.

Weitere Informationen sind bei den örtlichen Verkehrsvereinen oder bei Vorarlberg Tourismus (A-6901 Bregenz, Römerstraße 7) erhältlich.

1 Bregenz – Pfänder, 1063 m

Unschwieriger Abstieg vom Hausberg der Bregenzer

Bregenz – Pfänderbahn – Lohorn – Altreute – Bregenz

Talort: Bregenz, 400 m.
Ausgangspunkt: Pfänderbahn-Bergstation.
Parkmöglichkeit: Bei der Pfänderbahn-Talstation.
Gehzeiten: 1½ Std.
Anforderungen: Bergabwanderung auf gut markierten Wanderwegen.
Höchster Punkt: Pfänderspitz, 1062 m.
Einkehrmöglichkeiten: Berghaus Pfänder bei der Pfänderbahn und Ghs. am Pfänderspitz.
Sehenswertes: Der Seeblick vom Pfänder aus.

Den Abstieg von diesem vielbegangenen Berg gehen wir auf stillen Wegen, die im Bogen wieder zum Ausgangspunkt zurückführen.

Pfänderabstieg: Nach einer Auffahrt mit der Pfänderbahn genießen wir zunächst die Aussicht auf den See und in den Bregenzerwald.

Bei der Bergstation weist eine Tafel zum Alpenwildpark, wo heimische Wildarten und eine Vorführung von Adlern und anderen Wildvögeln besichtigt werden können. Vorher lohnt es sich noch den Pfänderspitz zu besteigen, wo ein besonders weiter Blick ins Allgäu hinaus möglich ist. Am Ende des Wildpark-Rundganges weist eine Tafel „über Riese – Lohorn – Altreute – Bregenz“ auf unseren weiteren Weg hin. In der Parzelle **Lohorn** (Tafel) zweigen wir links ab, weiter über **Altreute** nach Bregenz. Der Weg bietet zuerst freien Blick auf den See und führt dann in den Wald. Einer Tafel „Hintermoos – Halbstation – Bregenz“ folgen wir. Wir kommen zu einer Kapelle, wo wir nicht den breiten Weg, sondern den schmalen Fußweg, direkt an der Kapelle vorbei, absteigen (Tafel Bregenz).

Bodenseeblick von Eichenberg.

2 Gaißau – Rheinspitz, 400 m

Wanderung im Naturschutzgebiet

Gaißau – Ghs. Schiff – Rheinholz – Rheinspitz – und zurück

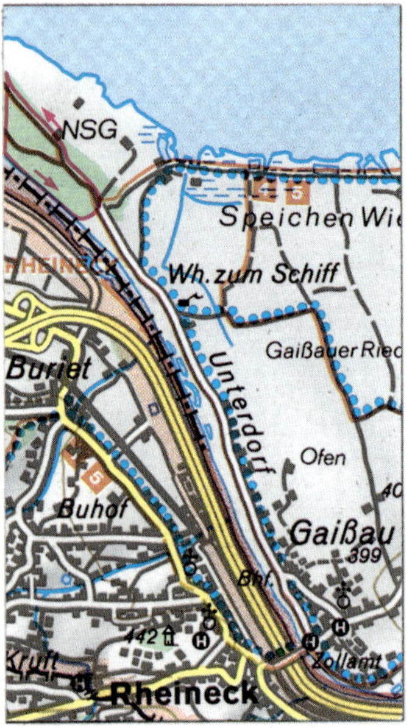

Talort: Gaißau, 399 m, Siedlung am Alten Rhein.
Ausgangspunkt: Nach dem Gasthaus Schiff.
Parkmöglichkeit: Parkplatz vor dem Rheinholz.
Gehzeiten: Insgesamt 1½ Std.
Anforderungen: Einfacher Spaziergang auf guten Wegen.
Höchster Punkt: Rheinspitz, 400 m (Seehöhe).
Einkehrmöglichkeiten: Ghs. Schiff und Kiosk am See.
Sehenswertes: Der Wald im Naturschutzgebiet und die Vogelwelt am Wassersaum (Fernglas mitnehmen!).

Mit einer Wanderung in das Rheindelta können Naturliebhaber und Erholungsuchende eine der selten gewordenen ursprünglichen Flußlandschaften mit all ihrer Tier- und Pflanzenwelt erleben.

Vom Parkplatz zum Rheinspitz: In diesem unverbauten Naturschutzgebiet ist eine Wanderung ein besonders erholsames Vergnügen. Das Sträßchen ist verkehrsfrei. Bekannte und auch seltene Vogelstimmen hört man hier, und es macht Vergnügen, manchmal stehenzubleiben, um einen solchen Sänger zu bestimmen. Linker Hand hat man Ausblick auf den Alten Rheinarm.

Nach einer guten halben Stunde kommen wir zum Seeufer. Der Alte Rhein hat hier eine große, freie Fläche aufgelandet. Sie bietet Ausblicke auf den See und wird im Sommer als Naturbadestrand geschätzt.

Rückweg am Fluß entlang: Nach einer kleinen Besichtigungsrunde auf dem Rheinspitz kehren wir auf einem Fußweg direkt am Alten Rhein entlang zu unserem Ausgangspunkt zurück (bei hohem Seestand kann dieser Weg überschwemmt sein).

Herbststimmung im Ried.

3 Bildstein – Dreiländerblick, 850 m

Ein Spaziergang mit Aussichtsplatz

Bildstein – Gitzen – Dreiländerblick

Talort: Wolfurt.
Ausgangspunkt: Bildstein, 735 m, Berggasthof Dreiländerblick.
Parkmöglichkeit: Beim Dreiländerblick oder schon in Bildstein bei der Kirche.
Gehzeiten: Für Hin- und Rückweg Bildstein – Dreiländerblick 2 Std. Dreiländerblick – Gitzen 1 Std.
Anforderungen: Einfacher Spaziergang, auch für Kinder geeignet.
Höchster Punkt: Dreiländerblick, 850 m.
Einkehrmöglichkeiten: Bergghf. Dreiländerblick.
Sehenswertes: Abwechsungsreiche Ausblicke auf den Bodensee und die Kirche in Bildstein.

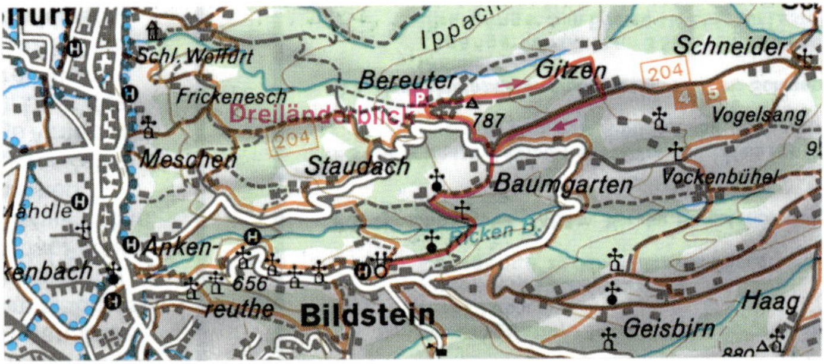

Auf einem Höhenrücken über der Bodensee-Rheintal-Region führt diese kleine Runde in ein Gebiet mit abwechslungsreichen Ausblicken in die gesamte Umgebung.

Vom Dreiländerblick auf Gitzen: Die Anfahrt erfolgt mit Auto oder Postauto bis Bildstein-Kirchplatz. Man kann nun von der nahen Erscheinungskapelle (Tafel) über die Parzelle Dellen zum Gasthof Dreiländerblick wandern oder mit dem Auto auf der Straße dorthin fahren. Beim Parkplatz des Gasthauses weist eine Tafel auf den Fernwanderweg nach der Parzelle Gitzen, dem wir folgen. Bald reicht die Aussicht über den gesamten Bodensee und das Pfändergebiet. Bei der folgenden Abzweigung ohne Tafel gehen wir rechts und kommen in die Parzelle Gitzen.

Der Rückweg: In Gitzen gehen wir auf der Straße abwärts und biegen beim letzten Haus (Nr. 22) auf einen Fußweg rechts ab. Auf diesem kommen wir wieder zum Dreiländerblick zurück.

Zur Kirschblütenzeit in Bildstein.

4 Kennelbach – Hochwacht, 590 m

Unterwegs auf stillen Pfaden

Kennelbach-Oberdorf – Hochwachtweg – Hochwacht – Am Bach entlang zurück

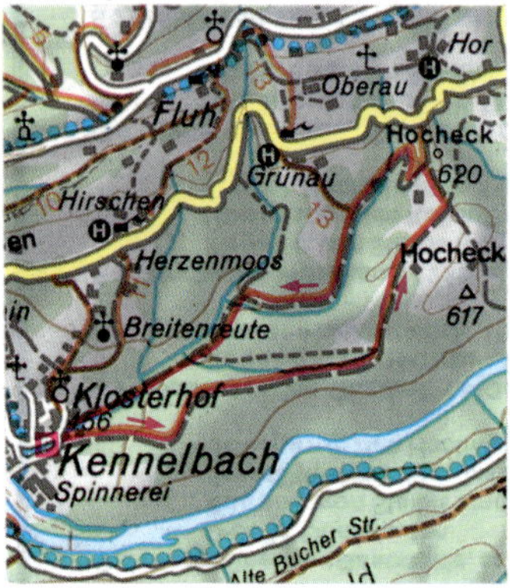

Talort: Kennelbach, 456 m, an der Sonnenseite des Pfänderhanges.
Ausgangspunkt: Beim ehemaligen Gasthaus Adler.
Parkmöglichkeit: Beim Ausgangspunkt.
Gehzeiten: 2 Std. für die ganze Runde.
Anforderungen: 150 Höhenmeter leichter Anstieg auf guten Wegen.
Höchster Punkt: Hochwacht, 590 m.
Einkehrmöglichkeiten: Ghs. Krone.
Sehenswertes: Die großen, einsamen Weideflächen.

Das Schöne an dieser Runde ist der selten begangene Weg, den wir ohne den Wanderführer der Gemeinde selbst kaum gefunden hätten.

Der Waldweg auf die Hochwacht: Vom ehemaligen Gasthaus Adler im Kennelbacher Oberdorf gehen wir die leicht steigende Straße am Haus Nr. 1 im Oberdorf vorbei. Wir wandern zuerst eben den Bach entlang, dann steigen wir über den **Hochwachtweg** allmählich auf. Diesem Weg folgen wir weiterhin.

Durch alten Hochwald wandern wir zur Gemeindegrenze, welche durch eine Stoptafel für den Traktorenverkehr gekennzeichnet ist. Im Fluher Gebiet erreichen wir eine große Weidefläche mit zwei Bauernhöfen: Das ist die **Hochwacht**. Wir gehen dort die Asphaltstraße hinauf.

Nun bitte Achtung: Genau am Ende der Wiese biegen wir auf einem schlecht sichtbaren Pfad links in den Wald. Dieser Pfad führt zuerst dem Zaun entlang, dann bei einem Holzgeländer bergab und schließlich über eine Bachbrücke.

Der Rückweg verläuft auf einem Traktorenweg am Bach entlang. In einer halben Stunde sind wir am Ausgangspunkt zurück.

Vom stillen Waldweg aus bieten sich immer wieder Ausblicke auf die Gemeinde Kennelbach.

5 Karren – Alploch – Rappenlochschlucht

Bergabwanderung durch zwei Schluchten

Karrenbahn-Bergstation – Ghs. Kühberg – Staufensee – Alploch – Rappenlochschlucht – Gütle – Karrenbahn-Talstation

Talort: Dornbirn, 452 m, die größte Stadt des Landes, verfügt über ein riesiges, bestens markiertes Wanderwegenetz.
Ausgangspunkt: Bei der Karrenbahn, Auffahrt zur Bergstation.
Parkmöglichkeit: Bei der Karrenbahn.
Gehzeiten: Abstieg und Rückweg 2½ Std.
Anforderungen: Bequeme Wege, auch für Familien mit Kindern geeignet.
Höchster Punkt: Karrenbahn-Bergstation, 971 m.
Einkehrmöglichkeiten: Bergstation, Ghs. Kühberg, Kiosk beim Rappenloch, Ghs. im Gütle.
Sehenswertes: Die Aussicht von der Karrenbahn-Bergstation, die gewaltigen Schluchten des Alp- und Rappenloches.

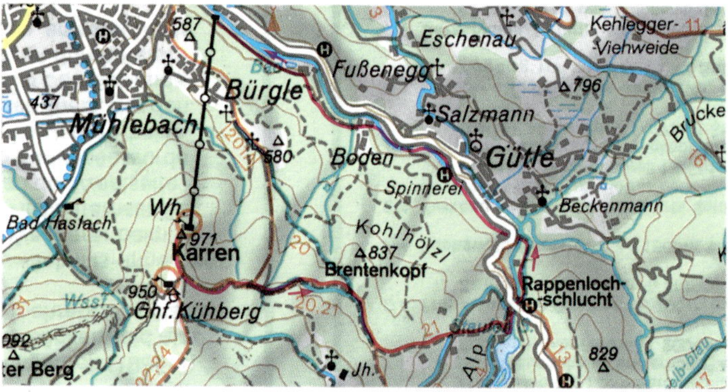

Das Rappenloch ist eine Besonderheit, die man einfach gesehen haben muß. Wenn man dazu noch den Karren und das Alploch „mitnimmt", hat man eine unvergeßliche Runde, die vom ersten Schritt an abwechselnde Eindrücke vermittelt.

Auffahrt und Abstieg zum Alploch:

Anfahrt von Dornbirn zur **Karrenbahn** (gute Postautoverbindung). Die Kabinenbahn führt zu einem eindrucksvollen, bewirteten Terrassenplatz, von dem der Blick über Dornbirn und das Rheintal bis zum Bodensee reicht. Eine vielbegehrte Halbtageswanderung beginnt hinter dem Stationsgebäude, wo eine Tafel „Zum Staufensee weiß-rot-weiß" zeigt. Vor dem Gasthaus **Kühberg** zweigt der Staufenseeweg links ab. Ein breit ausgebauter Weg zweigt bei einer Markierung rechts zum **Staufensee** ab. Im zarten Grün des Mischwaldes liegen kleine Waldlichtungen, die üppig von Adlerfarn und

Ausblick auf Dornbirn im Rheintal.

anderen Grünpflanzen bedeckt sind. Mäßig fallend führt der Weg in Serpentinen zum Staufensee hinab. Dabei ist kurz nach der Tafel „In der Alp“ auf eine weiß-rot-weiße Rechtsabzweigung zu achten. Bei Erreichen eines Güterwegs führt der Staufenseeweg 100 m links versetzt weiter hinab. Am Staufensee lohnt sich ein Abstecher zum 20 Min. entfernten, sehenswerten **Alploch** (Tafel). Durch eine schmale Felsenpforte betritt man auf einem Steg das Alploch. Es folgt ein Felsengewölbe, an dessen Steilwand der Steg kühn entlangführt. Nachdem die Schlucht breiter wird und sich nach oben in bewaldete Steilhänge öffnet, wählen wir den Umkehrpunkt, um durch das höhere und gewaltigere **Rappenloch** abzusteigen. Die Entstehung dieser Schluchten ist erdzeitlich gesehen jung. In „nur“ 10 000 Jahren „sägte“ Wasser und Geschiebe die 62 m tiefe Schlucht in den Kalkfels. An den Seitenwänden kann man diesen Abschliff bis weit hinauf verfolgen. Die weiter oben zu sehenden kantigen Formen erklären sich durch herabgestürzte Felsen, die jetzt noch im Flußbett liegen.

Rückweg zur Bahn: Vom ersten Kiosk führt der Schluchtenweg links der Dornbirner Ach entlang ins **Gütle**. Ab der Fabrik gehen wir auf der Straße oder womöglich links neben der Straße an zwei Brücken vorbei und überschreiten bei der dritten Brücke die Dornbirner Ach. Eine Tafel weist dort zur Seilbahn, die wir auf einem Waldweg, am Freibad in der Enz vorbei, und über einen Steg erreichen.

6 Meschach – Kapf, 1153 m

Stille Aussichtskanzel auf das Rheintal

Meschach, Ghf. Berghof – Spallenhof – Kapf – Im Schlatt – Millrütte – Meschach

Talort: Götzis, 448 m, Marktgemeinde mit versteckten Höhensiedlungen.
Ausgangspunkt: Beim Gasthaus Berghof in Meschach, 910 m.
Parkmöglichkeit: Bei der Abzweigung zum Spallen.
Gehzeiten: Aufstieg $\frac{3}{4}$ Std., Rückweg über Millrütte $1\frac{1}{2}$ Std.

Anforderungen: Gemütliche Wanderung auf guten Wegen.
Höchster Punkt: Kapf, 1153 m.
Einkehrmöglichkeiten: Berghof, Spallenhof, Ghs. Millrütte, Naturfreundehaus in Millrütte.
Sehenswertes: Der Rheintalblick vom Kapf.

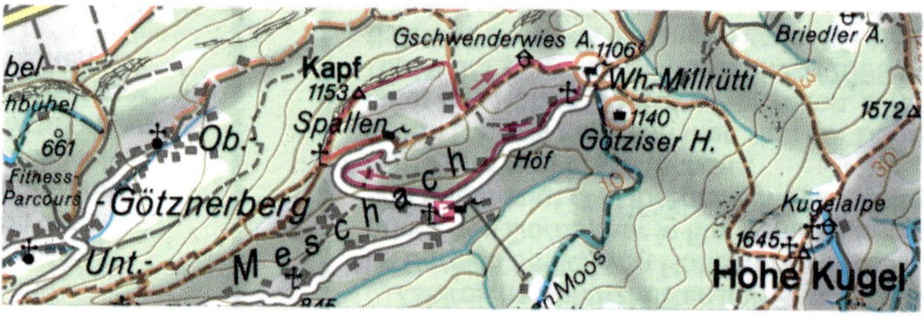

Gerade die kleinen Bergparzellen von Götzis haben sich eine Eigenständigkeit und Gemütlichkeit bewahrt, in der sich der Wanderer wohlfühlt.
Der Aufstieg zum Kapf: In Götzis führt eine Straße an der Kirche vorbei nach **Meschach**. Durch die langgezogene Bergparzelle kommen wir zu einer Abzweigung beim Gasthaus Berghof. Bei den Tafeln „Spallenhof", „Naturfreundehaus" und „Alpengasthaus Millrütte" liegt ein kleiner Parkplatz. Auf einer schmalen Straße geht es nun zu Fuß zum **Spallenhof**. 50 m nach diesem, nach einem Brunnen, führt ein steiniger Viehweg links hinauf. Dieser Weg hat einige Markierungen, an seinem Ende geht man aber einfach markierungslos hinauf bis zu der ins Rheintal abfallenden Felswand. Steigt man dieser Felswand entlang auf, kommt man an ein Gipfelkreuz mit Bänken: Wir sind auf dem **Kapf**. Die Aussicht reicht vom Bodensee über das ganze Rheintal bis zum Schweizer Alpstein.
Rückweg über Millrütte: In der gleichen Richtung weitergehend, treffen wir auf eine weiß-rot-weiße Markierung, die in ein kleines Tal hinabführt. Dort findet man die Wegtafel „Im Schlatt". Eine Tafel weist auf unseren Weg nach **Millrütte**. Von dort wandern wir nach **Meschach** zurück.

Zur Frühlingszeit im Vorarlberger Oberland.

7 Fraxern – Hohe Kugel, 1645 m

Eine der schönsten Touren der gesamten Umgebung

Fraxern – Jausenstation Waldrast – Maiensäß-Alpe – Hohe Kugel – und zurück

Talort: Fraxern, 814 m.
Ausgangspunkt: Jausenstation Waldrast.
Parkmöglichkeit: Bei der Jausenstation.
Gehzeiten: Aufstieg 1½ Std., Rückweg 1 Std.
Anforderungen: 445 m Aufstieg auf bequemen Bergwegen.
Höchster Punkt: Hohe Kugel, 1645 m.
Einkehrmöglichkeiten: Jausenstation Waldrast, Maiensäß-Alpe, Gasthäuser in Fraxern.
Sehenswertes: Die Blumenvielfalt in diesem südseitigen Naturschutzgebiet.

Bereits im Mai haben wir auf dieser Wanderung 25 Blumenarten bestimmen können, zum Teil in Massenbeständen. Der ganze Weg bietet unterhaltsame Aussicht und auf dem Gipfel kann rundum die Bergwelt bewundert werden.
Die Anfahrt erfolgt über Weiler nach **Fraxern**. Wer mit dem Postauto anfährt, findet in der Nähe der Fraxener Kirche einen Fußweg, der mehrmals die Straße quert und auf die Maiensäß-Alpe führt. Mit dem Auto fährt man auf der Straße hoch. Die Linksabzweigung zum Kugelweg beachten wir nicht, sondern fahren geradeaus weiter, am Sportplatz vorbei, bis zur **Jausenstation Waldrast** (1200 m), wo wir parken. Eine Tafel weist kurz vor der Jausenstation auf den „Maiensäßweg weiß-rot-weiß“, und zur Hohen Kugel (1½ Std.).
Wir kommen bald zur großen, neuerbauten Maiensäß-Alpe auf 1350 m, wo wir auch einkehren können (geöffntet: Samstag, Sonntag, bei Alpbetrieb jeden Tag). Von dort lockt bereits der Gipfel der **Hohen Kugel**. Die Gipfelrundsicht umfaßt das ganze Rheintal bis zum Bodensee sowie die Appenzellerberge mit Säntisgruppe. Im Süden staffeln sich die Höhenzüge bis zur Schesaplana, im Südosten steht als Nachbarberg der Freschenstock. Gegen Osten liegt das Firstgebiet und der Bregenzerwald mit Kanisfluh.
Beim **Rückweg** haben wir die schönste Aussicht, wenn wir auf dem Aufstiegsweg absteigen.

Ausblick auf das Vorarlberger Kirschendorf Fraxern.

8 Feldkirch – Amerlügen, 763 m

Idealer Halbtagesausflug

Feldkirch – Felsenau – Maria Ebene – Amerlügen – Sturnhügel – Feldkirch

Talort: Feldkirch-Illschlucht, 460 m.
Ausgangspunkt: Gasthof Freihof, Felsenau.
Parkmöglichkeit: In der Nähe vom Gasthof Freihof.
Gehzeiten: 2½ Std. Gesamtgehzeit.

Anforderungen: 1 Std. Aufstieg.
Höchster Punkt: Amerlügen, 763 m.
Einkehrmöglichkeiten: Ghs. Alpenrose, Amerlügen, Ghs. Freihof, Felsenau.
Sehenswertes: Prächtige Aussicht; Maria Ebene, Sturnhügel mit Grillplatz.

Diese Wanderrunde führt uns zu einer kleinen Höhenparzelle mit herrlichem Ausblick auf den Walgau und auf verkehrsfreien Wiesenwegen im Bogen zurück.

Aufstieg nach Amerlügen: Die Anfahrt erfolgt, von Feldkirch kommend, Richtung Frastanz. Wir biegen in der Illschlucht rechts nach **Maria Ebene** ab (Tafel). Gleich beim Bauhof Felsenau fahren wir links (Tafel „Gasthof Freihof"). Die folgende Fahrradtafel „Frastanz" weist zum Gasthof Freihof. Von dort gehen wir zu Fuß den Blödleweg hinauf. Dieser Weg führt zuerst durch ein schön gelegenes Siedlungsgebiet, dann als stiller Spazierweg bis nach Maria Ebene. Dort liegt in prächtiger Aussichtslage ein Kirchlein, ein Krankenhaus und das Kloster der Missionsschwestern. Direkt hinter dem Kirchlein führt ein Weg auf eine Querstraße. Links hinauf wandern wir bis zur Parzelle **Bodenwald**. Dort weist beim letzten Haus eine Tafel auf den „Fußweg nach Amerlügen". Beim nächsten Haus (Bodenwald 8) beginnt links der kurze, steile Wiesenweg nach **Amerlügen**. Vom Kirchlein in Amerlügen weist eine Tafel zum **Gasthof Alpenrose**, wo uns eine nette Einkehrmöglichkeit erwartet.

Abstieg: Am Gasthaus Alpenrose vorbei führt eine Straße abwärts zur Rechtsabzweigung „Im Balmedon“ (Tafel). Bei der nächsten Straßengabelung (Fahrverbotstafel) gehen wir wenige Schritte geradeaus zum lohnenden Aussichtshügel mit Bänken und Grillplatz (**Sturnhügel**). Wir gehen dann zurück bis zur Abzweigung, wo ein verkehrsfreier Aussichtsweg (rechts) nach Maria Ebene bis zur Kirche hinabführt. Von dort wandern wir auf dem Aufstiegsweg zurück.

Feldkirch, der Ausgangspunkt der Wanderung.

9 Rundwanderung über Bazora nach Gurtis

Ideales, ruhiges Wandergebiet

Haldenegg – Rungeletsch – Stutz – Bazora – Gurtis – Gampelün – Halden

Talort: Frastanz, Höhenparzelle Halden, 626 m.
Ausgangspunkt: Kapelle in Halden.
Parkmöglichkeit: Gasthaus und Posthaltestelle Haldenegg.
Gehzeiten: Aufstieg 1 Std., Abstieg 1 Std.
Anforderungen: Leichte Wanderung.
Höchster Punkt: Gurtis, 904 m.
Einkehrmöglichkeiten: Ghs. Leni in Gurtis, Ghs. Haldenegg am Ausgangspunkt, Kiosk in Bazora.
Sehenswertes: Die kleinen, abgelegenen Parzellen.

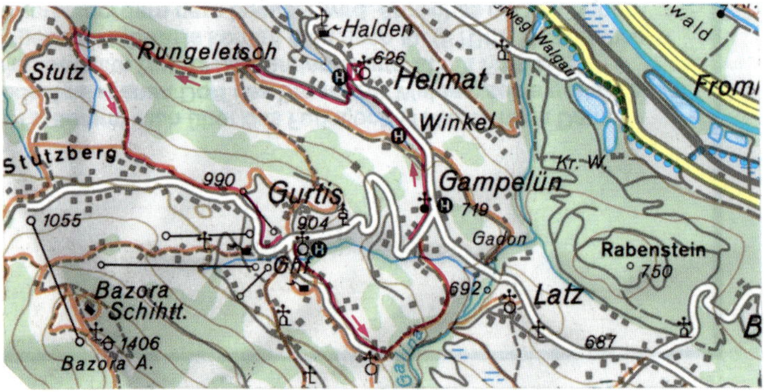

Die ganze Gegend dort oben kann als ideales Wandergebiet bezeichnet werden, an dem jeder Naturfreund seine Freude hat.

Über drei Parzellen hinauf nach Gurtis: Von Frastanz führt eine betafelte Straße Richtung Gurtis. Mit dem Auto oder Postbus geht es bis zum Gasthaus und zur Postautohaltestelle **Haldenegg**. Unser Fußmarsch beginnt bei der nahen Kapelle, wo ein Asphaltsträßchen rechts abzweigt. Über die Parzelle Halden kommen wir nach **Rungeletsch**. Beim letzten Haus in Rungeletsch (Nr. 57) gehen wir zwischen Haus und Garage weiter und müssen etwa auf der gleichen Höhe am Waldrand eine rotweiße runde Tafel auf einer Stange suchen.

Ein rot markierter Waldweg führt in die Parzelle **Stutz**. Vom folgenden Asphaltsträßchen zweigt nach 300 m ein Fußweg nach Bazora-Gurtis ab (Tafel). Ein neuer Ausblick öffnet sich hier auf das Rheintal bis zum Bodensee. Der alte Fußweg führt in die Feriensiedlung **Bazora**. Dort kann man an

Die Kirche von Frastanz.

der oberen Straße in einem Kiosk mit Terrasse einkehren. Mangels anderer markierter Abstiege gehen wir auf der Autostraße nach Gurtis. Dabei können Abkürzungen benützt werden.

Im Bogen zurück: Vor der Kirche in Gurtis zweigen wir rechts ab. Am Gasthaus Leni vorbei, kommen wir zu einer Kapelle (rechts oben). Vor der dortigen Fahrverbotstafel, unmittelbar nach dem linken Haus, zweigt ein breiter Fußweg links hinab. Dieser führt auf die Gurtiser Straße in **Gampelün**. Von dort führt die Autostraße zum Ausgangspunkt in Haldenegg.

10 St. Gerold – Kreuzspitz, 1947 m

Freistehender Aussichtsgipfel

St. Gerold – Bündtalpe – Plansottalpe – Kreuzspitz – und zurück

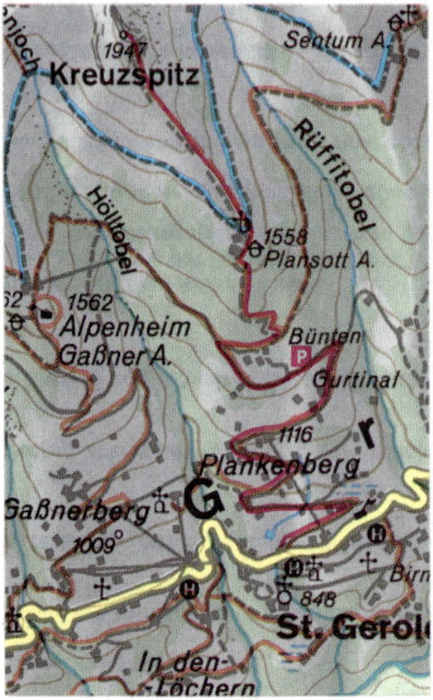

Talort: St. Gerold, 848 m, Bergdorf im Großwalsertal.
Ausgangspunkt: Auffahrt Richtung Plansott bis zur oberen Fahrverbotstafel, 1200 m.
Parkmöglichkeit: Parkplatz beim Ausgangspunkt.
Gehzeiten: 2½ Std. Aufstieg, 1½ Std. Abstieg.
Anforderungen: Schwindelfreiheit und Trittsicherheit. Der Weg sollte trocken sein (steiler Abstieg).
Höchster Punkt: Kreuzspitz, 1947 m.
Einkehrmöglichkeiten: Älplerjause auf der Plansottalpe.
Sehenswertes: Der vorgeschobene, stille Gipfel auf dem beeindruckenden Walserkamm.

Diese Wanderung ist ausgesucht für jene Wanderfreunde, die abseits der großen Touristenströme einfach in die Stille der Natur gehen wollen.
Über zwei Alpen auf den Gipfel: Die Anfahrt erfolgt mit Auto oder Postauto nach St. Gerold, Postautohaltestelle Außerberg. Von der Ortstafel **St. Gerold** fahren wir weiter, an der ersten Linksabzweigung („zur Gaßneralpe") vorbei, bis zur nächsten Linksabzweigung mit Tafel „Gaßneralpe, Plansott, Sentum". Offizielles Fahrverbot ist erst oben beim Forstweg; also kann man noch 340 Höhenmeter hinauffahren (zu Fuß 1¼ Std.). Bei dieser Auffahrt fahren wir bei einer Materialbahn geradeaus (nicht die Straße rechts). Nun führt eine mit Tafeln versehene Straße bis zur Fahrverbotstafel „Forststraße" mit kleinem Parkplatz.
Wir gehen zu Fuß auf der rot-weiß markierten Straße Richtung Plansott (Tafel). Bei einer Alpe mit Brunnentrog (Haus Nr. 82, Bündt) müssen wir auf den links abzweigenden Fußweg nach Plansott achten, weiß-rot-weiß markiert. Je höher wir kommen, um so eindrucksvoller wird der Rundblick. Auf der **Alpe Plansott** kann man die Bergbauernarbeit näher kennenlernen. Ein Ehepaar mit vier Kindern betreut 25 Kühe und 80 Rinder. Geißen und Hühner vervollständigen das Einkommen.

Badevergnügen am Seewaldsee bei Buchholz im Großwalsertal.

Von der Plansottalpe sieht man bereits das Gipfelkreuz des Kreuzspitz. Vorbei an uralten Bergahornbeständen, folgen wir der rot-weiß-roten Markierung. Wir sind nun über der Waldgrenze und können die Aussicht voll genießen. Der folgende Kamm zeichnet sich durch mannigfaltige Alpenflora aus. Der Rundblick vom Gipfelkreuz ist so weitreichend, daß man sich Zeit nehmen muß, dieses Bild von Gipfeln, Tälern, Ortschaften, Hütten und Wegen zu studieren.

Der Abstieg zur Plansottalpe und zum Ausgangspunkt erfolgt auf dem Aufstiegsweg.

11 Faschina – Glatthorn, 2134 m

Eine herrliche Blumenwanderung

Faschina – Lift-Bergstation – Schluchtensattel – Glatthorn – Staffelalpe – Faschina

Talort: Faschina, 1486 m, am Übergang zwischen Großwalsertal und Bregenzerwald.
Ausgangspunkt: Ghs. Rößle, an der Sennerei vorbei.
Parkmöglichkeit: Parkplatz am Ghs. Rößle.
Gehzeiten: Aufstieg mit Lift 1½ Std., ohne Lift 2½ Std., Abstieg 2 Std.
Anforderungen: Gut markierte Pfade.
Höchster Punkt: Glatthorn, 2134 m.
Einkehrmöglichkeiten: Beim Aufstieg Franz-Josefs-Hütte (abseits), Ghf. Rößle und andere in Faschina.
Sehenswertes: Zur Blütezeit die Blumenvielfalt im Blumenschutzgebiet.

Im Juli blüht dort alles, von der Polsterpflanze bis zum Türkenbund, aber auch später im Jahr ist diese Tour durchaus zu empfehlen.

Der Aufstieg: Beim Restaurant Rößle führt die Straße an der Sennerei vorbei in das Pflanzenschutzgebiet Richtung Glatthorn. Der weiß-blau markierte Weg führt bis zu einer Gabelung. Dort steigen wir links mit rot-blauer Markierung zur Bergstation der **Hahnenkopfbahn** hoch. Von dort beginnt der schönste Teil dieser Wanderung, nämlich die Begehung des Kammweges Richtung Glatthorn.

An den schönsten Plätzen des ganzen Weges stehen Aussichtsbänke. Der Aufstieg ist so unterhaltsam, daß man die Steigung vergißt. Wir gehen auf dem Kamm bis zur Tafel „Schluchtensattel“ bei der Bergstation des Schleppliftes. Wer den Gipfel besteigen will, hat nur noch eine halbe Stunde Aufstieg (siehe Tafel).

Der Abstieg: Bei einer Gipfelüberschreitung muß auf die Linksabzweigung nach Faschina geachtet werden.

Fontanella, von wo die Straße nach Faschina führt.

12 Buchboden – Rotenbrunnen – Gadenalpe, 1317 m

Familienspaziergang in ein felsumkränztes Tal

Buchboden – Rotenbrunnen – Gadenalpe – und zurück

Talort: Buchboden, 910 m, kleines Örtchen im hintersten Winkel des Großen Walsertales.
Ausgangspunkt: Parkplatz nach dem Café Jäger.
Parkmöglichkeit: Parkplatz nach der Brücke (bis hier mautfrei).
Gehzeiten: Gesamtgehzeit 2 Std.
Anforderungen: Einfacher Wanderweg.
Höchster Punkt: Gadenalpe, 1317 m.
Einkehrmöglichkeiten: Café Jäger, Bad Rotenbrunnen, Ghf. Kreuz.
Sehenswertes: Ringsum mächtige Felswände.

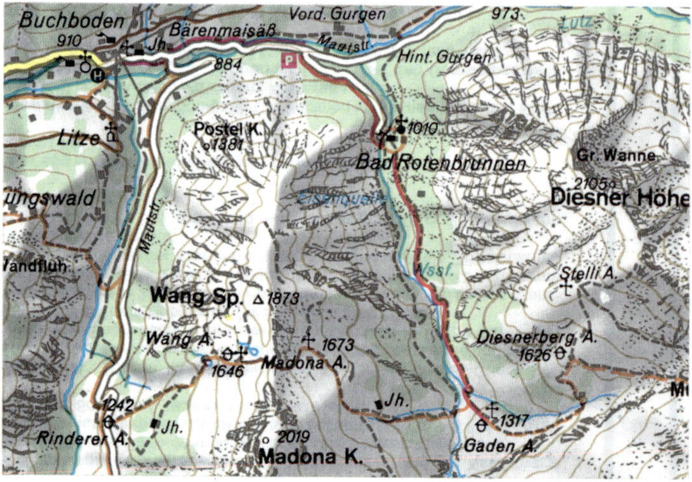

In diesem Talende des Großwalsertales können wir viele Blumen und Schmetterlinge in einer wildschönen Bergwelt erleben.

Der Aufstieg: Wenn man mit dem Postauto anfährt, geht man an der Kirche vorbei in der angezeigten Richtung nach **Bad Rotenbrunnen**. Mit dem Auto kann man noch bis zu einem Parkplatz nach der Brücke fahren. Bei der Abzweigung folgen wir der Tafel „Rotenbrunnen – Gaden – Madonna" geradeaus. Nach einem Waldweg öffnet sich das Tal vor dem Bad Rotenbrunnen. Links blicken wir in die steilen Felskare der Diesner Höhe, die rechte Seite zieht sich zur Wangspitze hoch.

Nach einer Einkehr im gemütlichen Bad Rotenbrunnen spazieren wir taleinwärts, dem Wegweiser „Alpe Gaden 50 Min. rot weiß“ folgend. Der Weg führt an einem breiten Wasserfall vorbei. Im Talhintergrund sieht man den Gipfel des Misthaufens, 2436 m. Eine hohe Felswand schließt bei der Gadenalpe das Tal im Halbkreis ab. Bei den Alphütten gibt es Milch und Butterbrot. Die Alpe wird ab 20. Juni und dann im Herbst je drei Wochen beweidet.

Der Rückweg führt auf dem gleichen Weg zum Ausgangspunkt zurück.

Buchboden im Großwalsertal.

13 Ludesch – Raggal

Panorama-Höhenweg

Ludesch – Ghs. Frohe Aussicht – Ludescherberg – Raggal – über den Wiesweg zurück

Talort: Ludesch, 555 m.
Ausgangspunkt: Gasthof Frohe Aussicht (2 km nach Ludesch, auf 850 m gelegen).
Parkmöglichkeit: In der Nähe vom Ghf. Frohe Aussicht.
Gehzeiten: Gesamtgehzeit 3 Std.
Anforderungen: Nur leicht ansteigende, gute Wege.
Höchster Punkt: Wiesweg, 1300 m.
Einkehrmöglichkeiten: Ghf. Frohe Aussicht und mehrere Gasthäuser in Raggal.
Sehenswertes: Die gegenüberliegende Bergkette des Walserkammes.

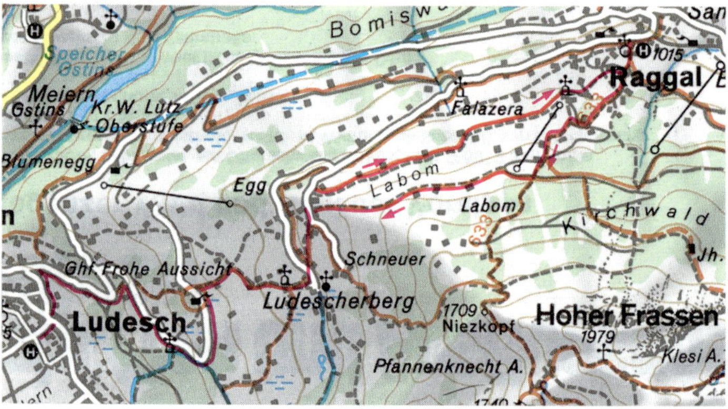

Dieser Ausflug vermittelt uns Einblick in den Lebensraum der Bergbauern. Dabei ist der wirtschaftliche Aufschwung durch den Tourismus gut zu erkennen.

Der Aufstieg nach Raggal: Von Ludesch (Postautohaltestelle Dorfbrunnen) fahren wir Richtung Raggal. Nach 1½ km folgen wir der Abzweigungstafel „Gasthaus Frohe Aussicht". Dort führt noch vor dem Parkplatz ein unbetafelter Güterweg weiter hinauf. Nach fünf Minuten wählen wir vor einem Zaungatter einen links abzweigenden, grasbewachsenen Güterweg. Eine Markierung mit rot-weißem Kreis führt uns bis zum alten Schulhäuschen von **Ludescherberg**. Nach 200 m Aufstieg über freies Gelände kommt man oben auf ein asphaltiertes Quersträßchen. Dieses führt als wunderschöne Panoramastraße nach **Raggal**. Wir blicken auf die imposante Gipfelreihe des gegenüberliegenden Walserkammes und sehen an den

Raggal, das Ziel unserer Wanderung.

Sonnenhängen darunter die größte Walsersiedlung des Landes. Unser Sträßchen führt dann an der Raggaler Kirche vorbei in den Ort mit mehreren Gasthäusern.

Zurück über den Wiesweg: Für den Rückweg gehen wir wieder an der Kirche vorbei zur Richtungstafel „Ludescherberg". Hier wählen wir den betafelten Aufstieg zum „Wiesweg" links aufwärts. Bei der ersten Abzweigung rechts weist eine Tafel auf den Wiesweg. 50 m nach dem **Lärchenhof** zweigen wir links hinauf ab. Es folgt dann ein fast ebener Spazierweg mit Bänken. Dieser übertrifft an Schönheit noch das Sträßchen, auf dem wir hergekommen sind. Der Wiesweg mündet auf das Sträßchen. Auf diesem gehen wir weiter bis zur Tafel „Ortsplan Ludesch". Von dort geht es rechts weiter. Wir verbleiben auf dem Sträßchen, bis rechts die Abzweigung nach „Ludesch Gasthaus Frohe Aussicht" weist. An dieser Stelle steht das alte Schulhäuschen von Ludescherberg, in das die Wirtin vom Gasthaus „Frohe Aussicht" zur Schule ging. Sie erzählt gerne vom Leben damals, als in den kleinen Berghöfen oft 10köpfige Familien mit drei Kühen und etwas Jungvieh leben mußten. Beim **Abstieg** ist wieder auf die rot-weiße Markierung zu achten. Das Gasthaus „Frohe Aussicht" ist zum Abschluß dann noch ein netter Rastplatz.

14 Lünersee – Schesaplana, 2965 m

Der Stolz des Rätikons

Brand – Schattenlagant – Lünersee – Totalphütte – Schesaplana – und zurück

Talort: Brand, 1037 m.
Ausgangspunkt: Bergstation der Lünerseebahn, 1979 m.
Parkmöglichkeit: An der Talstation der Lünerseebahn.
Gehzeiten: Aufstieg 4 Std., Abstieg 3 Std. (bei Übernachtung auf der Totalphütte teilt sich die Zeit auf 1/3 am ersten Tag, 2/3 am 2. Tag).
Anforderungen: Bergerfahrung und gute Ausrüstung; Schneelage auf der Hütte erfragen.
Höchster Punkt: Schesaplana, 2965 m.
Einkehrmöglichkeiten: Douglasshütte, Totalphütte.
Sehenswertes: Überblick über die ganze Umgebung bis tief in die Schweiz hinein. Auch der Lünersee mit seiner Bergumrahmung bietet eindrucksvolle Bilder.

Diese gigantische Bergwelt voll zu erleben, sollte uns 1½ Tage wert sein, dann können wir nicht nur den Berg, sondern auch seine großartige Umgebung kennenlernen und neue Tourenpläne fassen.

Der Aufstieg: Vor der Bergstation am Lünersee weist eine Tafel auf den rotgelb markierten **Schesaplanasteig** (rechts). Der Weg führt dem See entlang bis zur betafelten Rechtsabzweigung auf die Totalphütte. Der Aufstieg zur Hütte ist von prächtigen Fotomotiven auf den Lünersee begleitet. Von der **Totalphütte** wählt man bei Harsch (Steinschlaggefahr) den links an einem Felsrücken entlangziehenden, mit roten Punkten und Steinmännchen markierten Weg. Sollte jedoch dort Schneebrettgefahr herrschen, nimmt man den am langen Anbau der Hütte beginnenden, gelb-rot markierten

Der Lünersee im Brandnertal.

Schesaplanasteig. Beide Aufstiege kommen zur Tafel „Tote Alpe, 2520 m“. Von dort führt der gut bezeichnete Steig – wo erforderlich gesichert – auf den Gipfel. Der Höhe und der freien Lage entsprechend, ist der Rundblick überaus weitreichend. Geologisch interessant sind auch die senkrecht aufgestellten Schichten des ursprünglichen Meeresgrundes, die bei der Auffaltung der Alpen diese Lage erhalten haben. In der Nähe des Gipfelkreuzes beweisen versteinerte Meeresmuscheln, daß diese Kalkschichten einst im Urmeer gebildet worden sind. Besonders im südlichen Halbkreis breitet sich ein ganzes Gipfelmeer mit vielen Gletschern vor unseren Augen aus. Im Norden erkennt man das Abfallen der Alpen über den Bodensee bis ins Voralpengebiet hinaus.

Zum Abstieg gehen wir auf der Aufstiegsroute zurück. Falls die letzte Bahn schon versäumt ist, kann man auch in ¾ Std. über den „Bösen-Tritt-Steig“ zum Ausgangspunkt absteigen.

15 Brand – Loischkopf, 1809 m

Unschwierig zu ersteigender Aussichtsberg

Brand – Niggenkopf – Parpfienzalpe – Äußere Parpfienzalpe – Klamperaalpe – Waldschneise zum Loischkopf

Talort: Brand, 1037 m, Ausgangsort vieler gut markierter Bergwanderungen.
Ausgangspunkt: Bergstation der Niggenkopfbahn, 1589 m.
Parkmöglichkeit: Bei der Talstation der Niggenkopfbahn.
Gehzeiten: Hin und zurück 4 bis 4½ Std.
Anforderungen: Nur leicht ansteigender, bequemer Weg.
Höchster Punkt: Loischkopf, 1809 m.
Einkehrmöglichkeiten: Ghs. Niggenkopf, Gaststätten in Brand.
Sehenswertes: Ausblick auf die gegenüberliegende Zimba- und Schesaplanagruppe.

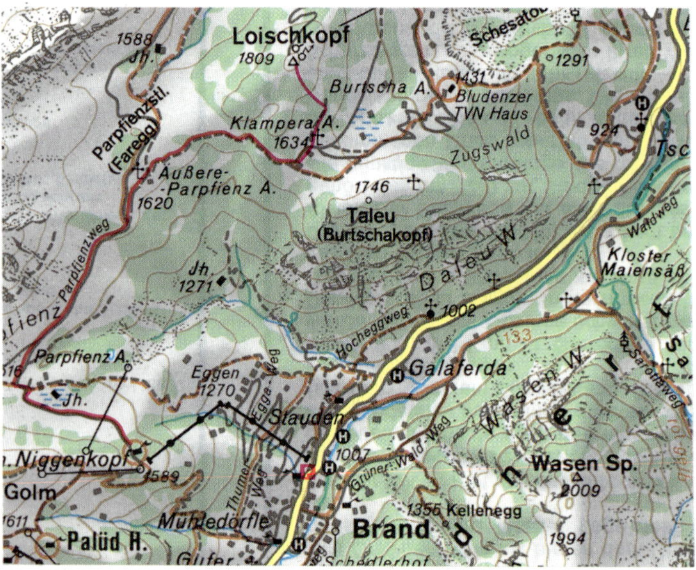

Wer eine stille, unschwierige Wanderung mitten im Rätikon sucht, findet sie mit dem Loischkopf – und dazu einen herrlichen Rundblick und Tiefblicke in vier Talschaften.

Anfahrt und Aufstieg: Wir fahren mit dem Auto oder Postauto bis Brand. Mit dem Sessellift (2 Sektionen) auf den **Niggenkopf**, 1500 m. Nun führt der rot-weiß-rot markierte Weg halbrechts zwischen Tannen leicht abwärts bis

Brand vor seiner eindrucksvollen Kulisse.

unter den nächsten Schlepplift, wo die Parpfienzalpe und rechts davon der leicht ansteigende **Parpfienzweg** überblickt werden kann. Es geht nun diesen Güterweg hinauf bis zu einem Punkt (mit Wegtafeln), von dem aus die zwei Ställe der äußeren Parpfienzalpe rechts unten sichtbar werden. Achtung: an diesem Punkt nicht links oben weitergehen, sondern leicht abwärts zu den beiden genannten Ställen. Dieser Weg ist rot-weiß-gelb markiert. Nun weiter durch aufgelockerten Wald auf in Sichtweite rot-weiß-gelb markiertem Weg bis zum Sattel zwischen Loischkopf und Daleu. Auf dem Sattel ist die Klamperalpe noch nicht sichtbar, aber nach etwa 100 m Weg abwärts taucht das große Stallgebäude rechter Hand auf. Von der **Klamperalpe** geht es nun ohne Markierung in nördlicher Richtung aufwärts in eine neu ausgeholzte Waldschneise (im Winter Skiabfahrt) bis zur dicht unter dem Gipfel liegenden Bergstation des Loischkopfliftes. Dies ist die Endstation eines 900 m Höhenunterschied überwindenden Liftsystems von Bürserberg her, welches im Winter ein herrliches Skigebiet bildet (kein Sommerbetrieb der Bahn). Ein paar Schritte noch, und wir befinden uns auf dem **Gipfel des Loischkopfes**. Dieser Gipfel ist wie geschaffen für eine ausgedehnte Rast, weil er auf seinem Plateau viel Platz und eine ungehinderte Aussicht rundum bietet.
Rückkehr auf demselben Weg. Ein Abstieg nach Bürserberg ist lohnend, jedoch etwas anstrengender.

16 St. Anton – Rundwanderung, 720 m

Leichte Wanderung durch lichten Wald und an der Ill entlang zurück

St. Anton – Prazalanz – Illbrücke – Venser Kapelle – St. Anton

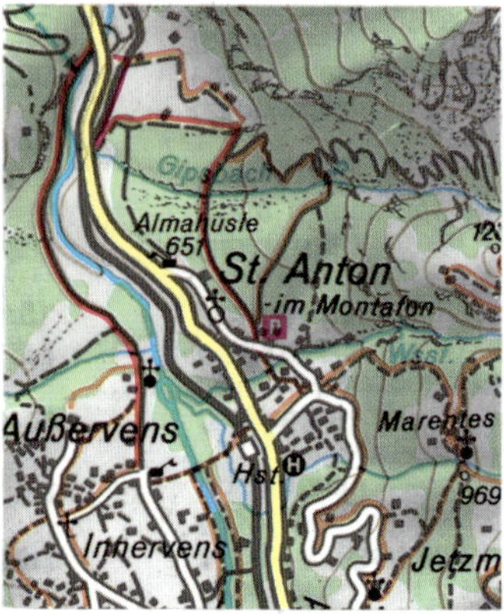

Talort: St. Anton, 652 m.
Ausgangspunkt: An der Kirche St. Anton.
Parkmöglichkeit: Parkplatz bei der Kirche.
Gehzeiten: Hin und zurück 2 Std.
Anforderungen: Leichter, ebener Spazierweg mit Bänken.
Höchster Punkt: Prazalanzwiese, 720 m.
Einkehrmöglichkeiten: Hotel Adler, Speiserestaurant Postkutsche, Almahüsle, Café Walter in St. Anton.
Sehenswertes: Die Veneser Wallfahrtskapelle.

Die Rundwanderung bietet auch weniger Gehtüchtigen Gelegenheit zur Erholung in der Natur.

Talauswärts zur Illbrücke: Neben dem Parkplatz bei der Kirche weist eine Tafel nach Prazalanz – Lorüns. Wir folgen dem Sträßchen abwärts und sehen dabei rechts das Gelände des 1977 aufgelassenen Gipsbruches, zu dem ein alter Weg hinaufführt. Linker Hand erblicken wir die steilaufragende Vandanser Steinwand. Beim Waldrand folgen wir der Tafel „Nach Lorüns“ (von hier könnte man einen Abstecher zum nahen Almahüsle machen). Ein grasbewachsener Weg führt durch einen Wald mit auffällig großen Beständen von Adlerfarn zu einer Brücke über den Tränenbach. Der Name des Baches stammt von einer Sage über ein ausschweifend lebendes Volk auf Prazalanz, das wegen seiner Frevel verschüttet wurde. Ein weinendes, unschuldiges Mädchen soll auf den Berg geflüchtet sein und dort am Tränenbach auf seine Erlösung harren.

Der Weg führt zu den Wegtafeln „Steinbruch – St. Anton“. Wir gehen dort links den Güterweg hinab. Die rechts liegende Wiesenfläche ist die erwähnte Prazalanzwiese. Wir kommen auf die Autostraße. Das Bahngeleise wird genau dort überschritten. Man muß an der Böschung den Anfang eines schmalen Fußweges suchen, auf dem wir zum Illufer absteigen. Wir gehen nun direkt dem Ufer entlang flußabwärts. Nachdem wir wieder die Straße erreichen, gehen wir auf dieser zur nahen Illbrücke.

Rückweg: Nach Überschreitung der Brücke zweigen wir gleich links auf die flußaufwärts führende Fahrstraße (Fahrverbot!) Richtung Vandans ab.

Auf einer Alm im Montafon.

Vor der Venser Kapelle zweigen wir links auf den betafelten Fußweg ab. Vorher besichtigen wir die Wallfahrtskapelle, die schon in kleiner Form im Jahre 1613 entstanden ist. Die Stiftung erfolgte zum Dank, daß Vens von der Pest verschont blieb, als in Vandans 180 Einwohner von dieser Seuche dahingerafft worden waren.
Der erwähnte Fußweg führt dann über eine Hängebrücke nach St. Anton. Wir kommen beim Hotel Adler an und gehen auf dem Gehsteig bis zur Abzweigung zur Kirche.

17 Tschagguns – Gauertal

Eine der beliebtesten Touren des Landes

Tschagguns – Latschau – Golm – Latschätzalpe – Lindauer Hütte – Gauertal – Latschau – Tschagguns

Talort: Tschagguns, 687 m.
Ausgangspunkt: Bergstation der Golmerbahn, Golm, 1890 m.
Parkmöglichkeit: Talstation der Golmerbahn in Latschau.
Gehzeiten: 4 Std. bergab.
Anforderungen: Bequeme, markierte Wege; keine Schwierigkeiten.
Höchster Punkt: Golm, 1890 m.
Einkehrmöglichkeiten: 2 Ghf. auf Golm, Lindauer Hütte, Gauertalhaus, einige Ghf. in Latschau und Tschagguns.
Sehenswertes: Alpengarten bei der Lindauer Hütte; Drei Türme und Sulzfluh.

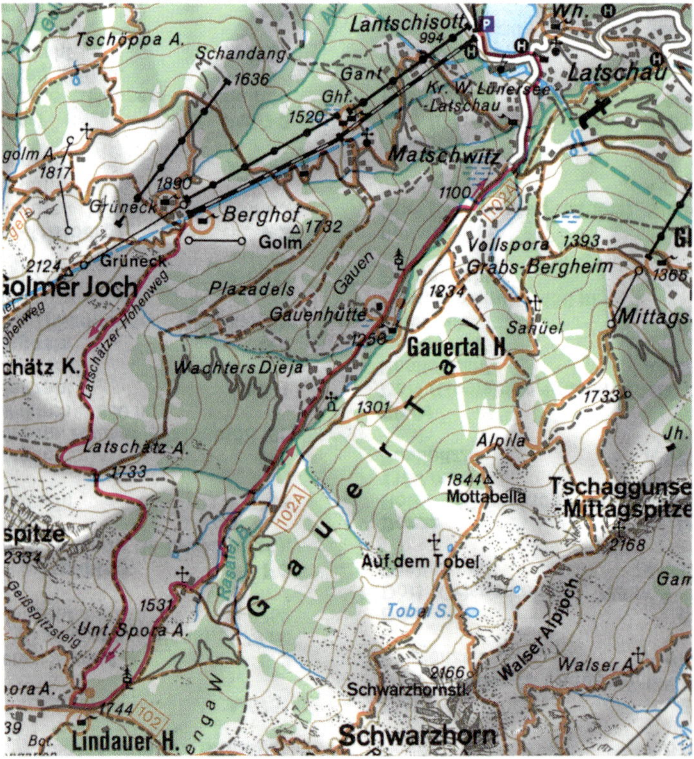

Die Drei Türme im ersten Schnee.

Schon die Auffahrt mit der Bahn vermittelt einen Überblick auf die Montafoner Landschaft. Der Abstiegsweg zur Lindauer Hütte fällt gemächlich, er führt durch Alpwiesen und Alpenrosenfelder. Das Gauertal ist lieblich und abwechslungsreich.

Von Golm nach Latschau: Vom Restaurant auf Golm finden wir in wenigen Schritten bergauf die Wegtafel „Latschätzer Weg – Lindauer Hütte, zwei Stunden, rot-weiß". Auf der großen **Latschätzalpe,** die am Weg liegt, kann man bei einem Glas Milch seine Jause verzehren. Dort, wo die Fichten schütter und bemoost werden und sich der Baumgrenze nähern, taucht die große **Lindauer Hütte** (160 Schlafplätze) auf. An diesem Platz nehmen sich die hoch oben thronenden Drei Türme und die Felskulisse der Sulzfluh imposant aus.

Rückweg: In Hüttennähe steht die Tafel „Nach Latschau, Talstation Golmerbahn, 2 Stunden". Bei der Weggabelung wählen wir den Güterweg (rotweißer Kreis), der mit diversen Abkürzungen in das schöne **Gauertal** hinausführt. Bei einer Linksabzweigung vor dem Maiensäß Gauen gehen wir geradeaus. In diesem Talabschnitt sollte man nicht versäumen sich rückwärts blickend nochmals vom einmaligen Bild des Talabschlusses beeindrucken zu lassen.

Bei den Ställen der **Alpe Vollspora** sehen wir bereits wieder in das Montafon. Am „Berghof Gauertal" vorbei, führt die Straße wieder zu unserem Ausgangspunkt am Stausee zurück.

18 Madrisa-Rundwanderung, 1. Tag

In drei Tagen in die Schweiz und zurück

Gargellen – Schlappiner Joch – Hinterälpli – Madrisabahn – Klosters

Talort: Gargellen, 1423 m.
Ausgangspunkt: Haltestelle Schafberglift.
Parkmöglichkeit: Beim Schafberglift.
Gehzeiten: Etwa 5½ Std.
Anforderungen: 500 m steiler Aufstieg auf gut markierten Wegen. Zeitiger Aufbruch ratsam, da letzte Talfahrt der Madrisabahn um 17.30 Uhr.
Höchster Punkt: Schlappiner Joch, 2203 m.
Einkehrmöglichkeiten: Erst im Ghs. bei der Madrisabahn und in Klosters.
Sehenswertes: Das eindrucksvolle Alpenpanorama zwischen Rätikon und Silvretta.

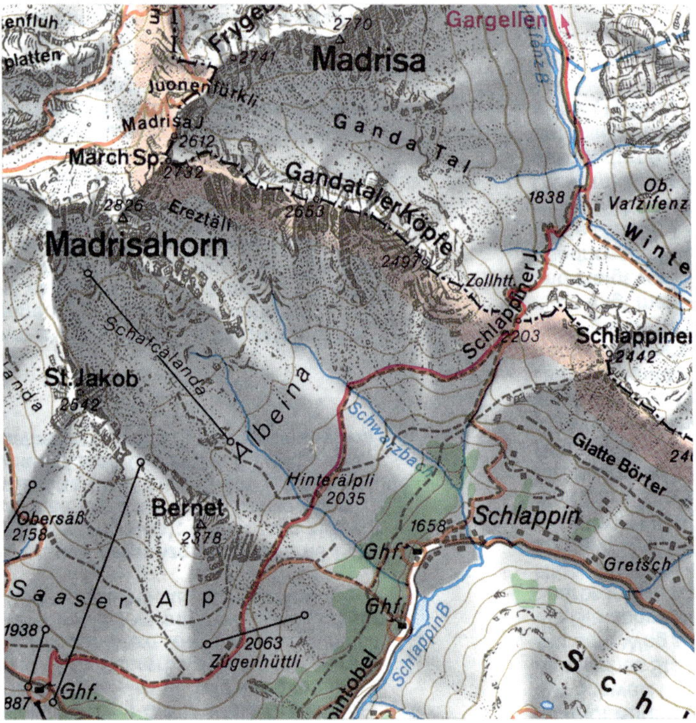

Beachtenswert bei dieser Tour in die Schweiz ist, daß man beim Verkehrsamt Gargellen die Zimmer für zwei Nächte (inkl. Halbpension sowie Benutzung von Hallenbad und zwei Bergbahnen) im voraus buchen kann. Man braucht sich also um die Unterkunft nur einmal pauschal zu kümmern. Über den Alpenkamm wandern wir in die Schweiz und auf einem anderen alpinen Weg wieder nach Österreich zurück.
Auf dieser ersten Etappe der Madrisa-Rundtour wandern wir vom hoch gelegenen Gargellental in einer imposanten Bergwelt zu dem beliebten Fremdenort Klosters im Prättigau hinab und verbringen einen Abend bei Schweizer Gastlichkeit.
Der Übergang von Gargellen nach Klosters: Vom Parkplatz gehen wir 1 km auf der Straße bis eine Wegtafel, vor der Brücke rechts, auf das „Schlappiner Joch 3 – 3½ Std., rot" weist. Eine weiß-rot markierte Schotterstraße führt an der **Unteren Valzifenzalpe** vorbei bis zur Tafel „Schlappiner Joch" vor der **Oberen Valzifenzalpe**. Wir gehen auf einer Brücke über den Bach. Die rot-weiße Markierung geleitet uns aufs **Schlappiner Joch**. Dort weist eine Tafel nach Klosters Dörfli. Wir folgen dem markierten Weg (eine Zollhütte lassen wir rechts oben liegen). Nach ca. 10 Min. kommen wir zur Tafel „zur Saasalp-Bergbahn 2 Std.". Linker Hand sieht man auf die Parzelle Schlappin mit dem Schlappiner See hinab. Bei der Überquerung des Schwarzbaches liegen rechts die Gantaler Köpfe und die Madrisa. Beim folgenden Hinterälpli stehen die nächsten Tafeln, und bald sind wir bei der Madrisabahn angelangt. Oben gibt es keine Übernachtungsmöglichkeit. Wir fahren ab nach **Klosters** in unser vorbestelltes Quartier.

Gargellen, der Ausgangspunkt unserer Wanderung.

19 Madrisa-Rundwanderung, 2. Tag

Über den höchsten Punkt der Runde in ein Hochtal

Madrisabahn – Saaser Alp Untersäß – Obersäß – Rätschenjoch – Sunnistafel – St. Antönien Platz

Talort: Klosters, 1140 m.
Ausgangspunkt: Bergstation der Madrisabahn, 1887 m. Tafel „Rätschenjoch ½ Std."
Gehzeiten: Aufstieg 2½ Std., Abstieg 3 Std.
Anforderungen: Bei der Madrisabahn Schneelage erfragen! Gut begehbarer Steilabstieg. Markierung genau beachten! Wenn von dieser Variante abgeraten wird, über das Jägglischhorn, 2255 m, nach St. Antönien Platz.
Höchster Punkt: Rätschenjoch, 2602 m.
Einkehrmöglichkeiten: Ghs. Edelweiß in Sunnistafel, Ghs. bei der Bushaltestelle Rüti und in St. Antönien.
Sehenswertes: Der Ausblick vom Rätschenjoch auf die Gebirgsketten des Rätikons und zur nahen Madrisa. Die alten Walserhäuser am Weg nach St. Antönien. Die vielfältige Alpenflora auf den unterschiedlichen Gesteinsarten.

Dieser Übergang vermittelt so ziemlich alles, was sich ein Bergwanderer wünscht: Abwechslungsreiche Hochgebirgslandschaft, gut markierte Wege und nicht zuletzt gemütliche Ausgangs- und Endpunkte.
Der Bergweg von Klosters bis St. Antönien: Nach Übernachtung in Klosters erkundigen wir uns am besten bei der Madrisabahn nach der Schneelage auf dem Rätschenjoch. Man könnte im Frühjahr, falls noch Schnee liegt, auch die niedere Variante über das Jägglischhorn, 2255 m, wählen (Bergstation – Untersäß – Zastia, 1922 m – Dörfli – Fürggli – Jägglischhorn, 2255 m – Aschariner Alp – Vordersäß, 1802 m – St. Antönien Platz, 1420 m).
Wir beschreiben die hohe, interessantere Route: Bei der **Bergstation** folgen wir der Tafel „Rätschenjoch 2½ Std., weiß-rot-weiß und orangefarbe-

Sommerliche Blumenwiese.

ne Punkte“. Bei der folgenden **Alpe Untersäß** folgen wir der Tafel „Rätschenjoch 2 Std. 15 Min., weiß-rot-weiß“.

Tafeln und eine lückenlose Markierung geleiten uns über die **Saaser Alp-Obersäß**, 2158 m, in ein Hochtal, das bis ganz oben beweidet wird. Murmeltiere sind zu sehen und zu hören. Man sieht schon von weitem die Markierungstafel auf dem **Rätschenjoch**.

Beachtenswert ist die große Vielfalt kleiner Polsterpflanzen. Schon beim Aufstieg beeindruckt die Fels- und Gipfellandschaft über den Prättigau hinweg nach Süden. Auf dem Rätschenjoch öffnet sich dann ein neuer Ausblick auf eine Staffel von Gebirgsketten bis in den Rätikon. Wir folgen nun der Tafel und Markierung Richtung „St. Antönien 3 Std.“. Dieser Nordabstieg ist mit Schneestangen markiert. Urgestein und Kalk berühren sich auf dieser Route, was die Vielfalt der Alpenflora noch erhöht.

Nach einem mit Vorsicht, aber gut zu begehenden Steilabstieg sehen wir die Drusenfluh vor uns. Wir kommen dann zur **Sunnistatel** mit dem Ghs. Edelweiß und damit zur verdienten Rast. Auf dem Weg nach St. Antönien kommen wir nach dem „Dörfli“ zu unserer morgigen Abzweigstelle nach Gargellen. Uralte Walserhäuser liegen am Weg.

Wir suchen unser reserviertes Quartier. Von Sunnirüti, Haltestelle Rüti, verkehrt ein Bus bis **St. Antönien**.

20 Madrisa-Rundwanderung, 3. Tag

Über ein hohes Joch von einem Ferienort zum andern

St. Antönien – St. Antönier Joch – Schafberg-Mittelstation – Gargellen

Talort: St. Antönien Platz, 1420 m.
Ausgangspunkt: Bushaltestelle Rüti, 1464 m. Bei der Brücke über den Gafierbach und zur Tafel „St. Antönier Joch – Gargellen."
Gehzeiten: Aufstieg zum Joch 3 Std., Abstieg zur Mittelstation des Schafbergliftes 1½ Std.
Anforderungen: Gleichmäßiger Aufund Abstieg auf bequemen Alpwegen.
Höchster Punkt: St. Antönier Joch, 2379 m.
Einkehrmöglichkeiten: Erst auf der Gargellenalpe bei der Mittelstation oder in Gargellen.
Sehenswertes: Die alte Kirche in St. Antönien und der Rundblick vom St. Antönier Joch.

Dieser Übergang von der Schweiz nach Österreich führt über riesige, weite Alpweiden in ein stilles Bergland, das nur von wenigen Wanderfreunden besucht wird.

Von der Haltestelle Rüti auf das St. Antönier Joch: Nach Übernachtung in St. Antönien können wir um 8.41 Uhr (siehe Fahrplan) mit dem Bus bis zur Haltestelle **Rüti** hochfahren. Falls wir vorher noch etwas Zeit haben, ist eine Besichtigung der alten Kirche des Ortes sehr empfehlenswert. Von Rüti gehen wir den Bach entlang auf dem Güterweg hinauf. Nach etwa einer halben Std. zweigen wir bei der auffällig markierten Linksabzweigung auf das **St. Antönier Joch** ab (Tafel).

Dieser Aufstieg bietet – was Flora und Landschaft betrifft – so viel Schönes, daß man die Anstrengung ganz vergißt. Auf dem Joch öffnet sich der Blick in die Verwallgruppe jenseits des Talbodens.

Abstieg nach Gargellen: Eine Wegtafel weist nach Gargellen, und wir entschließen uns dort für den kürzeren und bequemeren Weg zur Schafbergbahn-Mittelstation. Zwei weitere Wegtafeln weisen ebenfalls nach **Gargellen**. Wer noch nicht müde ist, kann natürlich auch eine der längeren Varianten den Vorzug geben. Ein gut markierter und betafelter Weg führt zur nicht übersehbaren Abzweigung zur Mittelstation des Schafbergliftes. Die letzte Bahn fährt um 16 Uhr nach Gargellen, was man bei der Planung der Wanderung unbedingt berücksichtigen sollte.

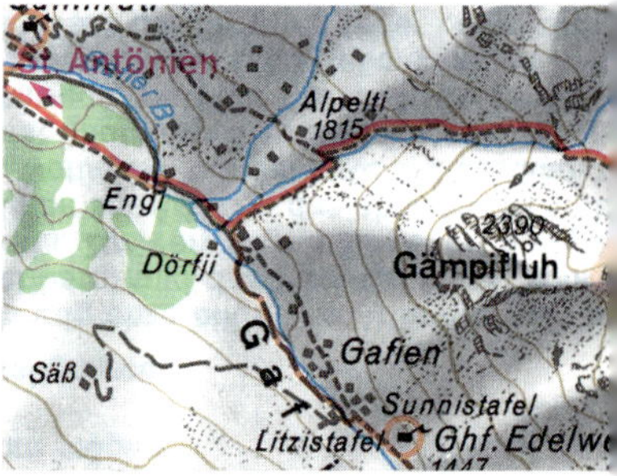

Anstieg zum Schlapppiner Joch, im Hintergrund die Madrisa.

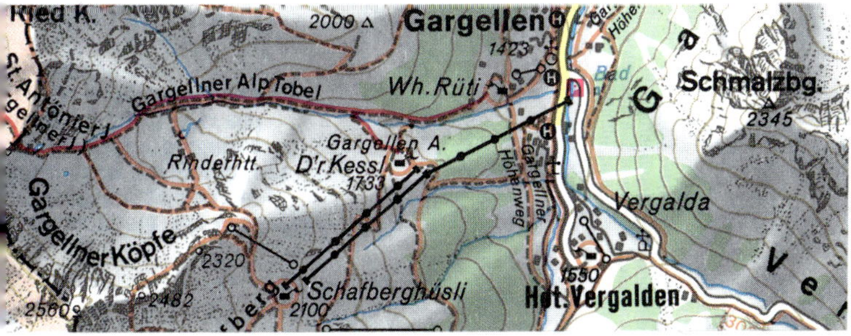

21 Vermunt-Stausee – Hochmaderer, 2828 m

Einer der schönsten Aussichtsberge in Vorarlberg

Partenen – Kraftwerk Obervermunt – Hochmadererjoch – Hochmaderer – und zurück

Talort: Partenen, 1054 m.
Ausgangspunkt: Beim Gebäude des Obervermuntwerkes, 1753 m, am Vermunt-Stausee.
Parkmöglichkeit: Parkplatz hinter dem Kraftwerk.
Gehzeiten: Aufstieg 3½–4 Std., Abstieg 2½ Std.
Anforderungen: Der unmarkierte Steig ist leicht zu verfehlen. Beschreibung genau beachten! Trittsicherheit erforderlich.
Höchster Punkt: Hochmaderer, 2828 m.
Einkehrmöglichkeiten: Nur in Partenen.
Sehenswertes: Die Sicht auf den benachbarten Alpenhauptkamm.

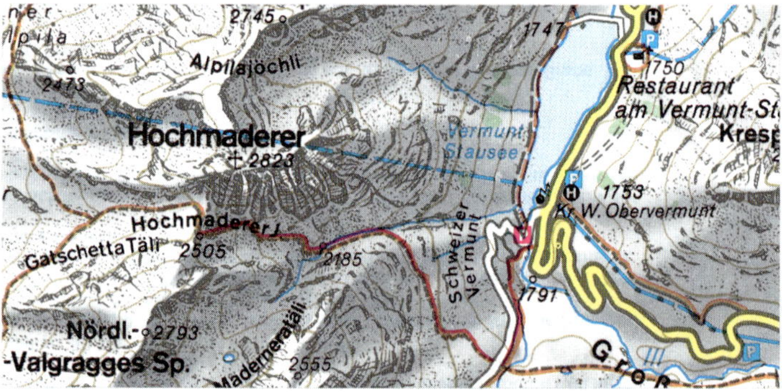

Sie werden staunen, wie still und unbegangen diese Fels- und Gipfellandschaft um den Hochmaderer ist.

Anfahrt und Aufstieg: Auffahrt bis zum unteren Stausee. Beim Gebäude des Obervermuntwerkes biegt man von der Straße rechts ab (gegenüber der Tafel „Saarbrückner Hütte") und kommt auf den Parkplatz. Von dort steigt man auf (rote Markierung), bis die Tafel „Tübinger Hütte" oder, etwas weiter oben, auf einem auffälligen Felsblock, ein „TH" („Tübinger Hütte") nach rechts weist. Wir folgen auf weiß-rot-weißer, dann roter Markierung dem Pfad. Den zweigipfligen Hochmaderer (2828 m) erkennen wir vor uns an einem Metallkreuz auf seinem linken Gipfel. Der Alpenvereinssteig führt in Serpentinen zum **Hochmadererjoch**, 2505 m, empor und bietet wundervolle Ausblicke auf die romantische Bergwelt der Silvretta. Am Ende des von uns erstiegenen „Madernerätäli" überrascht uns dann ein interessanter Talabschluß. Wir überschreiten das Hochmadererjoch in Richtung Tübinger Hütte (Tafel). Nach etwa 200 m zweigt ein Steig steil rechts hinauf ab (ohne Tafel). Er ist leider ohne Markierung, jedoch zunächst gut ausgetreten und sichtbar.

Warnung: Der unmarkierte alpine Steig ist an einigen Stellen im oberen Bereich leicht zu verfehlen. In diesem Fall soll nicht frei weitergeklettert, sondern der Fußweg wieder gesucht werden. Trittsicherheit beim Abstieg ist erforderlich. Anfängern wird diese Besteigung nur in Begleitung von Geübten empfohlen. Auf dem richtigen Weg ist der Abstieg für Geübte unschwierig.

Der Weg führt zuerst über eine Felsblockhalde, dann auf einen Steilrasenweg. Unmittelbar vor dem Gipfel kommen zwei Stellen, an denen man mit etwas Umsicht den Steig suchen muß, welcher bis auf den Gipfel ausgetreten und zu sehen ist. Auf dem Gipfel ist der Anblick der naheliegenden Litzner- und Seehorngruppe (beide über 3100 Meter hoch) äußerst beeindruckend.

Im Süden sehen wir das Große und Kleine Seehorn, links den turmförmigen Litzner, links vom Litzner die scharfe Pyramide des Piz Linard, weiter links den Doppelgipfel der Verstanklahörner. Zwei „Handbreiten" links der dunkle, kegelförmige Gipfel des Piz Buin, links von diesem der Vermuntgletscher. Über dem Stausee erheben sich die markanten Fluchthörner.

Beim **Abstieg** kommt im oberen Drittel eine Stelle, an der Fußspuren links in einen Steilhang führen. Diesen ist nicht zu folgen, sondern man geht dort rechts in eine Blockhalde, wo dann der Weg bald wieder sichtbar wird. Der weitere Abstieg erfolgt auf dem Aufstiegsweg und ist nicht zu verfehlen.

Am schön gelegenen Vermuntspeichersee.

22 Versalspitze, 2462 m

Einsamer Höhenzug im Verwall

Kopssee – Zeinissee – Verbellaalpe – Jöchli – Versalspitze – und zurück

Talort: Partenen, von dort Anfahrt über die Bielerhöhe zum Zeinisjochhaus am Kopssee.
Ausgangspunkt: Zeinisjochhaus, 1822 m, Tafel „Heilbronner Hütte“.
Parkmöglichkeit: Beim Zeinisjochhaus.
Gehzeit: Aufstieg 2½ Std., Abstieg 1½ Std.

Anforderungen: Gehtüchtigkeit auf guten Wegen.
Höchster Punkt: Versalspitze, 2462 m.
Einkehrmöglichkeiten: Alpenghs. Zeinisjoch.
Sehenswertes: Ausblick auf die gegenüberliegende Silvrettagruppe mit ihren Gletschern.

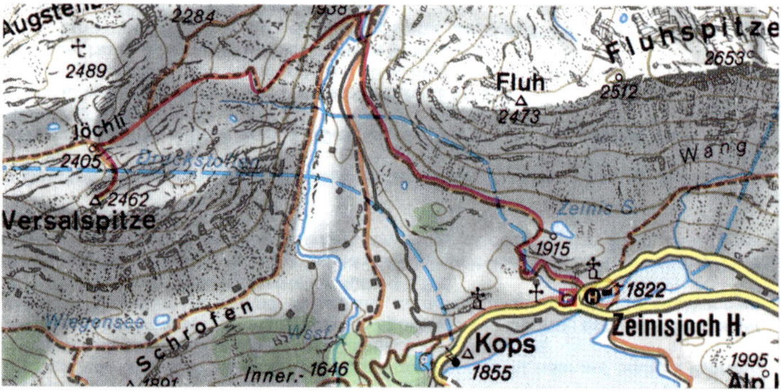

Eine Welt voll Bergschönheit, ein Paradies für den Hochtouristen zeigt sich unserem Blick. Hier sind wir mitten in einer unberührten Naturlandschaft.
Der Aufstieg: Unser Weg führt am naturbelassenen Zeinissee vorbei, der mit seinem Berghintergrund ein Foto wert ist. Bei der **Verbellaalpe** zweigen wir bei der am linken Stall angebrachten Tafel „Versalspitze“ auf die rot markierte Straße ab. Diese Straße diente der Lawinenverbauung in Richtung Partenen. Bei der ersten Kehre zweigen wir bei der Tafel „Versalspitze“ links auf den rot markierten Fußpfad ab.
Auf dem **Versaljöchli**, 2405 m, geht die Markierung in Rot-Gelb über und führt links hinauf (südlich) in einer ¼ Std. zum Gipfel (die gelbe Markierung führt zum geschlossenen Versalhaus). Bei klarer Sicht ist die Gipfelrundsicht von dem sich im Süden ausbreitenden Silvrettahauptkamm beherrscht. Wir haben vom Gipfel die bestmögliche Distanz, um den ganzen Kamm vom begrenzenden Zeinisjoch und Paznauntal bis zum Gargellental

Am Speichersee Kops.

zu überblicken. Die Blickhöhe ist gerade richtig: Man kann zu den gewaltigen Gipfeln noch aufblicken. Der beste Aussichtspunkt liegt 30 m vor dem Gipfel Richtung Vermuntstausee, von wo man auf Partenen hinabblickt. Alles, was die an ihren sanften Formen erkenntlichen Gletscherfelder trägt, gehört zur Silvretta, nur rechts in der Ferne grüßt die weiße Bernina vom Oberengadin herüber. Die drei schönsten Silvrettagestalten sind die über dem Vermuntsee aufragende Litzner-Seehorn-Gruppe, 3121 m, Vorarlbergs höchster Gipfel, der Piz Buin, 3312 m, und die auf Tiroler Gebiet stehenden Fluchthörner, 3399 m.
Für den **Abstieg** wählen wir die Aufstiegsroute.

23 Klösterle – Rundweg

Sonnseitige Wanderung im hinteren Klostertal

Klösterle Ghs. Engel – Parzelle Hof – am Wäldlebach zurück

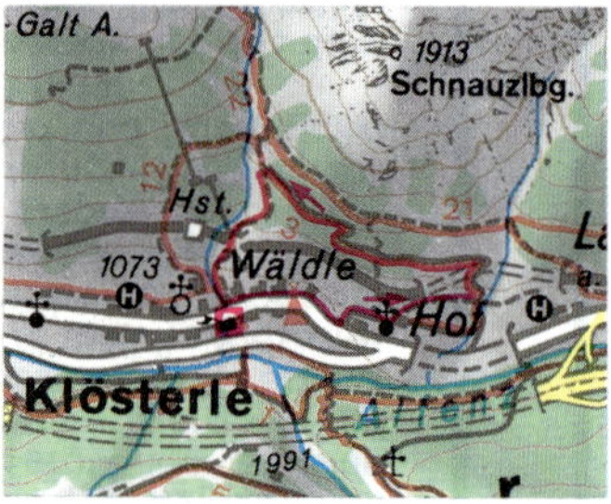

Talort: Klösterle, 1073 m, Touristenortschaft für Sommer und Winter.
Ausgangspunkt: Gasthof Engel.
Parkmöglichkeit: Gasthof Engel.
Gehzeiten: 2 Std. insgesamt.
Anforderungen: Einfache Wanderung, auch für Familien und Senioren geeignet.
Höchster Punkt: Abzweigung Wäldlebach, 1300 m.
Einkehrmöglichkeiten: Ghs. und Hotels in Klösterle.
Sehenswertes: Blick auf Klösterle.

Auf dieser kleinen Wanderung in verkehrsfreier Lage lernen wir das Talende des Klostertales kennen.
Die Runde beginnt beim Ghs. Engel, wo wir die Dorfstraße Richtung Langen bis zur ersten Kreuzung (beim Haus Erzgrube) gehen. Eine Asphaltstraße führt nun in die Parzelle Hof mit ihren großen Pensionen. Dann wandern wir auf einer Schotterstraße weiter. Eine Rechtsabzweigung bei einer Kiesgrube lassen wir unbeachtet und gehen auf der mit rotem Kreis markierten Straße weiter hinauf.
Unser Weg überquert dann die in einem Tunnel liegende Bahnstrecke. Diese Straße dient hauptsächlich dem Bau von Lawinenschutzanlagen, in die man jetzt noch jährlich Millionenwerte investiert. Wir können auf der ganzen Strecke Mauern, Gitter und Metallgeflechte betrachten, die zum Schutze der Talbewohner ganz wichtig sind. Man kommt dann zu einem die Straße überquerenden Wildbach, den man bei Hochwasser nicht überqueren kann. Genau 70 Schritte vor diesem Bach zweigt ein Schotterweg links Richtung Tal ab. Das ist der Viehweg, der in der Verlängerung nach oben bis zum Spullersee führt. Auf diesem Weg wurde bis in die letzten Jahre das Vieh auf die Alpen am Spullersee aufgetrieben.
Beim Abstieg auf diesem Viehweg haben wir einen Blick auf das liebliche Dörfchen Klösterle inmitten der Klostertaler und Verwaller Bergriesen. Wir kommen dann, dem Wäldlebach entlang, beim Ghs. Engel wieder zu unserem Ausgangspunkt zurück. Solch stille Wanderungen entdeckt man nur durch Tips von Einheimischen.

Dalaas, das Tor zum Klostertal.

24 Formarinsee – Saladinaspitze, 2238 m

Felsspitze in großartiger Gipfellandschaft

Lech – Formarinalpe – Freiburger Hütte – Saladinaspitze – Rauher-Staffel-Alpe – Freiburger Hütte – Lech

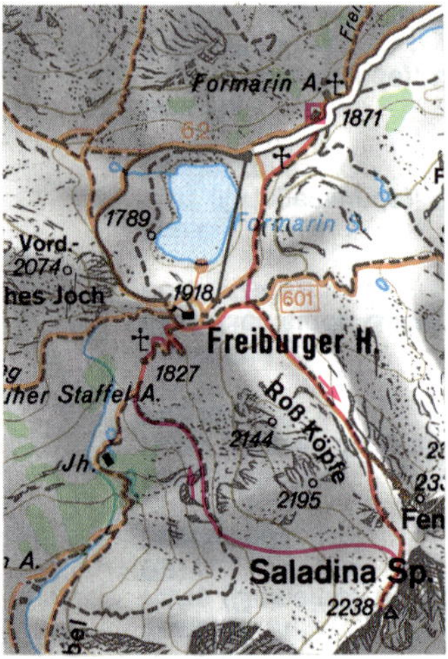

Talort: Lech, 1444 m, Ferienort am Arlberg.
Ausgangspunkt: Formarinalpe, 1871 m, bei der Talstation des Materialaufzugs zur Freiburger Hütte.
Parkmöglichkeit: Bei der Formarinalpe.
Gehzeiten: Aufstieg 2½ Std., Abstieg 1½ Std.
Anforderungen: Eine Felsblockhalde und ein Pfad mit Rollkies erfordern Vorsicht.
Höchster Punkt: Saladinaspitze, 2238 m.
Einkehrmöglichkeiten: Freiburger Hütte, Formarinalpe, Stuben, Lech.
Sehenswertes: Der Formarinsee mit Roter Wand, die Felsabstürze Richtung Klostertal.

Diese Bergtour führt auf einen Grat mit gewaltigen Felszacken, von denen wir einen besteigen.

Anfahrt und Aufstieg: Die Anfahrt erfolgt per Auto über Lech – Zug zum Formarinsee (Mautstraße). Eine Tafel weist zur **Freiburger Hütte**. Bei der Bergstation des Materialaufzuges zur Freiburger Hütte finden wir die Tafel „Zur Saladina 2½ Std.". Nach 300 m zweigt bei einer Tafel ein rot markierter Pfad rechts zur Saladina-Fensterlwand ab. Bei einem Sattel mit weiter Südsicht haben wir unser Ziel, ein Massiv mit Felszacken, vor uns. Links oben sieht man ein „Fenster" in einem Felsgrat, den man auch besteigen könnte. Wir wandern auf Gehspuren, einer roten Markierung folgend, durch eine Felsblock-Halde, die vorsichtig zu queren ist. Vor den Felsen der Saladinaspitze senkt sich der Weg, um dann wieder anzusteigen. Den tiefsten Punkt müssen wir uns für den Abstieg merken. Wir folgen dann dem steilen, durch Rollkies etwas rutschigen Pfad bis auf den Gipfel. Die Gipfelrundsicht übertrifft alle Erwartungen. Unser Standort im Lechquellengebirge fasziniert durch Felswände und tiefe Schluchten. Das Panorama umfaßt den Rätikon, die Silvretta und das Verwall.

Auf unserer geplanten **Abstiegsroute** sehen wir Wegspuren und das grüne Dach der Rauher-Staffel-Alpe, an der wir vorbeigehen, um rechts die Frei-

Der bekannte Ferienort Lech am Arlberg.

burger Hütte zu erreichen. Wir steigen weglos in der grünen Mulde ab. Bei einem Tümpel suchen wir Wegspuren, die rechts in die Latschen führen. Ein ausgetretener, deutlicher Fußweg führt fast auf gleicher Höhe um den Berghang herum. Bei der **Rauher-Staffel-Alpe** weist eine Tafel zur Freiburger Hütte, die wir in 15 Min. erreichen. Wir gehen dann auf dem Aufstiegsweg zurück, wobei wir eine Linksabzweigung nicht beachten.

25 Plattnitzerjochspitze, 2318 m

Leicht zu besteigender Gipfel

Lech – Zug – Spullersee – Schützhütte – Plattnitzerjochspitze – und zurück

Talort: Zug, 1510 m, Parzelle von Lech, Touristenort mit Wanderwegen ringsum.
Ausgangspunkt: Schranke beim Spullersee, 1821 m.
Parkmöglichkeit: Vor der Schranke.
Gehzeiten: Aufstieg 2–2½ Std., Abstieg 1½ Std.
Anforderungen: Genau auf die Beschreibung achten! Gute Bergschuhe notwendig.
Höchster Punkt: Plattnitzerjochspitze, 2318 m.
Einkehrmöglichkeiten: Ghs. in Zug und Lech.
Sehenswertes: Einsames Gebiet, in dem man Wild beobachten kann. Panorama mit Tiefblick auf den Spullersee.

Dieser Berg steigt direkt vom Ufer des Spullersees 491 m steil auf und seine Hänge sind fast unberührt. Wir steigen in einem Bogen von hinten her auf den Aussichtsgipfel.
Anfahrt und Aufstieg: Das Wetter sollte wegen des unübersichtlichen Hochmoors nebelfrei sein. Eine Markierung gibt es leider nur bis zur Abzweigung nach der Schützhütte. Die Anfahrt erfolgt über Lech und Zug bis zur Mautstelle. Bei der Straßengabelung halten wir links zum Spullersee. Nach etwa 5 km rauher Straße zweigen wir nicht zum Parkplatz Ravensburger Hütte ab, sondern fahren geradeaus bis zur Schranke. Dort wird geparkt. Wir gehen nun rechts den See entlang bis zur Rechtsabzweigung eines Fußpfades zum „Gehrengrat – Freiburger Hütte“ (Tafel). Vor uns (im Südwesten) sehen wir unser Ziel, das Gipfelkreuz der Plattnitzerjochspitze. Unser Fußpfad mit roter Markierung führt an der von weitem sichtbaren Schützhütte links vorbei.
Nun bitte auf eine unmarkierte Linksabzweigung achten, sonst kommen wir zur Freiburger Hütte. Etwa 15 Min. nach dem Alpkreuz der Schützhütte sehen wir vor uns eine Gesteinsschutthalde von einem Stollenausbruch, darüber eine alte Baubaracke. Vom Stollen stürzt weißschäumendes Wasser zu Tal. Diesen auffälligen Wassergraben überqueren wir nicht, sondern biegen etwa 100 m davor zweimal links auf deutliche Fußspuren ab. Diese Stelle ist leicht zu übersehen! Nach weiterem Aufstieg auf deutlichen Weg-

Der von Bergen umrahmte Spullersee.

spuren folgt eine große, sumpfige Mulde, die wir links liegen lassen. Nun bitte genau auf die Orientierung achten: Nach der erwähnten Mulde zwängt sich deren Abfluß durch eine enge Stelle und mündet auf eine große, moorige Riedfläche. Genau an der engen Stelle gehen wir links auf dem grünen Grat weglos oder auf undeutlichen Spuren auf den vor uns im Südosten liegenden grünen Gipfel zu (die dort auffallende blaugelbe Markierung führt vom Klostertal über das Glongtobel herauf und ist für uns ohne Bedeutung). Beim Aufstieg ist die rechte Kammseite am lohnendsten. Die steilsten Grashänge kann man gut umgehen. Beim Erreichen der Gipfelhöhe entzückt der Tiefblick auf den blaugrünen Spullersee. In wenigen Schritten sind wir auf dem 2318 m hohen Westgipfel (ohne Kreuz). Wer nicht schwindelfrei ist, bleibt an diesem herrlichen Platz. Es gibt dort eine große Grasmulde zum Sonnenbaden und Lagern. Der Grat zum 2316 m hohen Ostgipfel (mit Kreuz) ist auf eine Länge von 30 m schmal und beidseitig sehr steil. Dieses kleine Wegstück bleibt also schwindelfreien Leuten vorbehalten.
Der **Rückweg** erfolgt auf der Aufstiegsroute, wobei man extremen Steilrasenhängen der Gipfelpartie ausweicht.

26 Mittelberg – Walmendinger Horn, 1990 m

Bergabspaziergang mitten im Kleinwalsertal

Mittelberg – Walmendinger-Horn-Bahn-Bergstation – Gipfel – Mittelbergalpe – Stutzalpe – Bühlalpe – Mittelberg

Talort: Mittelberg, 1218 m, österreichischer Ferienort, jedoch währungs- und zollpolitisch deutsch.
Ausgangspunkt: Talstation der Walmendinger-Horn-Bahn.
Parkmöglichkeit: Bei der Talstation.
Gehzeiten: Gipfelanstieg 10 Min., Abstieg nach Mittelberg 2 Std.
Anforderungen: Problemlose Wanderung auf bequemen Wegen.
Höchster Punkt: Walmendinger Horn, 1990 m.
Einkehrmöglichkeiten: Bergstation, Bühlalpe.
Sehenswertes: Aussicht auf die Bergumrahmung des Kleinwalsertales.

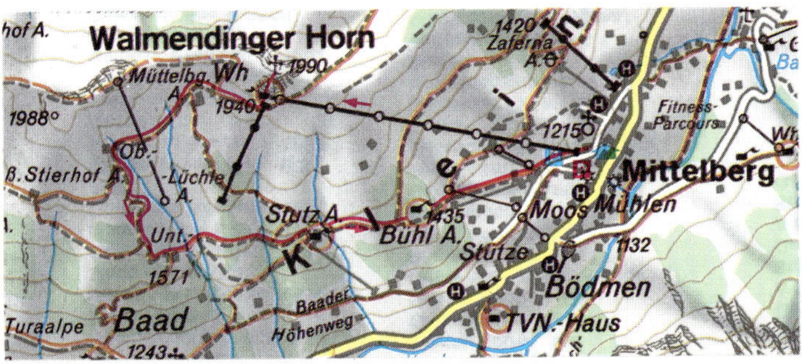

Die Gemeinde Mittelberg ist Ausgangspunkt für viele wunderschöne Wanderungen. Diese leichte Wanderung bergab ist auch für Familien mit Kindern und Senioren geeignet.

Vom Gipfel in den Ort: Die Großkabinenbahn bringt uns von Mittelberg auf die Bergstation des Walmendinger Horns. Von dort erreicht man in 10 Min. den **Gipfel** mit schöner Fernsicht. Zum Abstieg finden wir bei der Bergstation einen Wegweiser „nach Mittelberg über Stutzalpe und Bühlalpe“. Der Abstieg auf der Skitrasse wird durch Tafeln bezeichnet. Von der **Mittelbergalpe** an führt ein guter Weg über Wiesenmatten bis zur **Stutzalpe**. Von dort geht es ziemlich eben bis zur bewirteten **Bühlalpe**.

Bei der folgenden Abzweigung wählen wir nicht die rechts abgehende Fahrstraße, sondern den linken Weg, der uns in 30 Min. nach **Mittelberg** führt.

Wanderweg bei Mittelberg, im Hintergrund die Schafalpenköpfe.

27 Riezlern – Kanzelwand – Fellhorn, 2039 m

Wanderung auf den Bergkamm des Kleinwalsertales

Riezlern – Bergstation Kanzelwand – Fellhorn – Söllereck – Walser Älpele – Amannsalpe – Mittelalpe – Riezlern

Talort: Riezlern, 1086 m, weitläufiger Ferienort.
Ausgangspunkt: Talstation der Kanzelwandbahn.
Parkmöglichkeit: Bei der Kanzelwandbahn.
Gehzeiten: Talstation – Bergstation 3 Std. (oder mit der Bahn hochfahren); von der Bergstation über den Bergkamm nach Riezlern 4½ Std.

Anforderungen: Der Gehzeit entsprechende Kondition nötig. Beste Jahreszeit Anfang Juli bis Ende September.
Höchster Punkt: Kanzelwand, 2059 m.
Einkehrmöglichkeiten: Kanzelwandbahnhaus, Fellhornrestaurant; am Söllereck: Hotel Schönblick und Berghaus Söller.
Sehenswertes: Die Aussicht bei der Wanderung über den Bergkamm.

Ausblick in das Kleinwalsertal.

Eine angenehme Tagestour führt uns auf dem Höhenkamm des Kleinwalsertales zum Talende und am Hang wieder zurück.
Aufstieg zur Kanzelwand, Wanderung über den Bergrücken talauswärts: Die Anfahrt erfolgt bis Riezlern, Nähe Kanzelwandbahn. Beim dortigen Almhof Rupp führt ein Fußweg mit Bänken dem Zwerenbach entlang hoch. Der Zwerenalpweg setzt sich als Güterweg fort und ist weiter oben mit „Kanzelwand" beschildert. Der Weg führt auf eine Skipiste, die man hochsteigt, wobei der Bach rechts liegen bleibt. Links am Hang tauchen die Hütten der Zwerenalpe auf. Die breite Felswand vor uns ist die Hammerspitze, links davon auf dem Kamm die leicht zu besteigende Kanzelwand. Nach der Bergstation mit Kanzelwandstüble ist unser nächstes Ziel das **Fellhorn** mit der Bergstation der Fellhornbahn (Schilder).
Von der Bergstation der Fellhornbahn mit Restaurant führt der Weg über

den Fellhorngipfel. 1000 Meter über dem Talboden des Kleinwalsertals wandert man mit beeindruckenden Tiefblicken in 2½ Std. auf dem aussichtsreichen Bergkamm zum Söllereck, von wo Tafeln zur Söllereckbahn (Abfahrtsmöglichkeit Richtung Oberstdorf) weisen.

Zwischen Berghaus Söller und Hotel Schönblick zweigt ein Güterweg links nach Riezlern ab (keine Tafel).

Abstieg nach Riezlern: Über die Alpe Schrattenwang, Amansalpe und Mittelalpe (bewirtet) führt der breite Alpweg über den waldfreien, sonnigen Berghang nach Riezlern.

28 Hochhäderich, 1566 m

Wanderung ohne große Strapazen

Hittisau – Ghf. Hochhäderich – Hennenmoosalpe – Alpengasthof und Alpe Hochhäderich – und zurück

Talort: Hittisau, 790 m, Urlaubsort im Vorderwald.
Ausgangspunkt: Ghs. Hochhäderich bei der Lift-Talstation.
Parkmöglichkeit: Bei der Liftgaststube.
Gehzeiten: Aufstieg 1¼ Std., Abstieg ¾ Std.
Anforderungen: Gleichmäßig leicht ansteigende, bequeme Wege.
Höchster Punkt: Hochhäderich, 1566 m.
Einkehrmöglichkeiten: Ghf. Hochhäderich, Hennenmoosalpe, Alpenghs. mit Alpe Hochhäderich.
Sehenswertes: Das Naturschutzgebiet in einem Hochmoor nördlich vom Gasthaus Hochhäderich sowie das gesamte Alpgebiet auf unserem Weg.

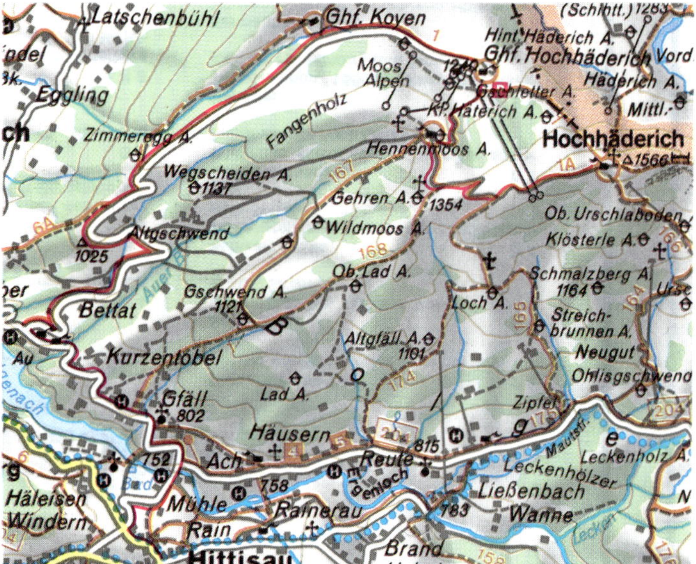

Der Hochhäderich liegt in einem großen Alpgebiet und dementsprechend ist die ganze Gegend im Sommer ein Erholungsgebiet mit stillen Spaziermöglichkeiten.

Der Wanderweg zum Hochhäderich: Die Anfahrt erfolgt mit dem Auto und

Die weit gestreute Ortschaft Hittisau.

beginnt in Hittisau bei der Kirche. Wir fahren dort Richtung Krumbach (Tafel). Bei der nächsten Abzweigung weist eine Tafel zu den Skiliften nach dem Hochhäderich und Bolgenach. Beim folgenden Gasthaus Engel in Bolgenach folgen wir dem Schild „Skilifte Hochhäderich" rechts hinauf. Parken kann man bei der Liftgaststube. Dort finden wir unsere erste Einkehrmöglichkeit am Weg. Von der Lift-Talstation wandern wir die Straße hoch zur **Hennenmoosalpe**.
In der ganzjährig bewirteten Imbißstube können wir schon wieder etwas verweilen. Wir sind dort schon auf dem Höhenrücken angelangt, auf dem dann ein Fußweg weiter hochführt. Der gleichmäßig ansteigende Weg ist kurzweilig, da man dabei immer schöne Blicke in die Alpumgebung hat. Oben in Gipfelnähe liegt dann das **Alpengasthaus Hochhäderich**. Es ist ein originelles, altes Gasthaus, das neben der Alpwirtschaft geführt wird. In wenigen Minuten erreichen wir vom Gasthaus den **Aussichtsgipfel** mit Gipfelkreuz. Wir kehren dann auf dem gleichen Weg zurück.

29 Sibratsgfäll – Schönenbach, 1121 m

Talwanderung zu einer Sommersiedlung

Sibratsgfäll – Auenalpe – Hengstieg – Schönenbach – und zurück

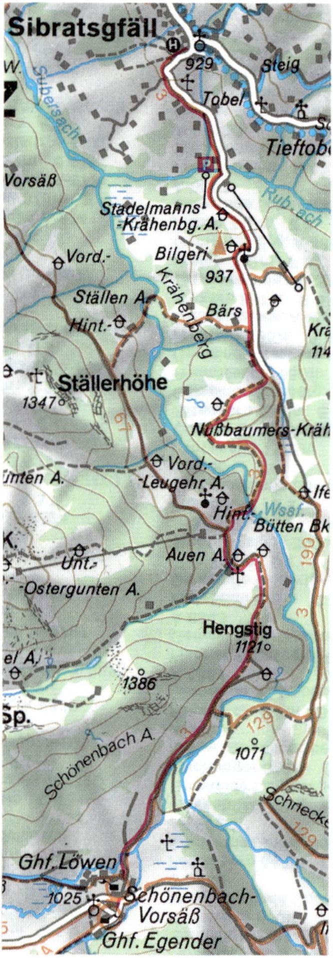

Talort: Sibratsgfäll, 929 m, Feriendorf am Talende.
Ausgangspunkt: Skilift-Talstation, 849 m.
Parkmöglichkeit: Beim Skilift.
Gehzeiten: 4 – 4½ Std. insgesamt.
Anforderungen: Gute Wege, nicht steil.
Höchster Punkt: Hengstieg, 1121 m.
Einkehrmöglichkeiten: 2 Ghs. in Schönenbach.
Sehenswertes: Das alte Vorsäß mit seinen Holzhäuschen.

Diesmal besuchen wir ein nur im Sommer bewohntes kleines Dorf, das still in einem weiten Talkessel liegt. Ein Gasthaus hat für die Wintersportler und Wanderer das ganze Jahr geöffnet.

Der Hinweg: Wir fahren in Sibratsgfäll rechts an der Kirche vorbei bis zur Fahrverbotstafel beim Skilift. Dann gehen wir zu Fuß ¼ Std. aufwärts, bis 100 m nach einer Kapelle eine Tafel „Nach Schönenbach 2 Std." weist. Ein ebenes Tal mit blumenreichen Wiesen führt uns in eine von Berggipfeln umrahmte Landschaft. Bei einer Wegtafel wählen wir den kürzeren Weg über Auenalpe – Hengstieg (1½ Std.). Kurz nach einem sehenswerten Wasserfall folgt die **Auenalpe**. Achtung: Bei der nächsten Weggabelung dürfen wir nicht geradeaus die Straße mit Fahrverbot hochgehen, sondern müssen links über die Brücke auf rot-weiß markiertem Weg weitergehen. Dieser Weg führt markiert in ½ Std. nach **Schönenbach**.

In Sibratsgfäll beginnt unsere Wanderung.

Im dortigen Gasthaus „Jagdhaus“ (Mittwoch Ruhetag) kann gemütlich eingekehrt werden.
Zurück gehen wir auf dem gleichen Weg, wobei wir nach der Auenalpe auf die richtige Abzweigung zum Wasserfall achten müssen.

30 Egg – Brüggelekopf, 1182 m

Lohnendes Wanderziel abseits des Touristenstromes

Egg – Kaltenbrunnen – Alpengasthaus Brüggele – Brüggelekopf – Höhe Vorsäß mit Jausenstation Berchtoldshöhe – über Kaltenbrunnen zurück

Talort: Egg, 561 m, großes Dorf mit 1700 Fremdenbetten.
Ausgangspunkt: Kaltenbrunnen, 906 m, zwischen Alberschwende und Egg.
Parkmöglichkeit: Beim Gasthaus Alpenrose in Kaltenbrunnen.
Gehzeiten: Aufstieg 1 Std., dann im Bogen 1 Std. zurück.
Anforderungen: Nur mäßig steigende und gut markierte Wanderwege.
Höchster Punkt: Brüggelekopf, 1182 m.
Einkehrmöglichkeiten: Ghs. Alpenrose, Ghs. Brüggele, Jausenstation Berchtoldshöhe.
Sehenswertes: Der Gipfelausblick auf Rheintal und Bodensee sowie die Wald- und Weidelandschaft der gesamten Wanderstrecke.

Eine kleine Halbtageswanderung führt auf diesen Aussichtsgipfel und in einer kleinen Runde wieder zum Ausgangspunkt zurück.

Anfahrt und Aufstieg: Bis Ende Oktober kann man auch mit dem Sessellift von Alberschwende auf den Brüggelekopf fahren und oben eine Runde machen. Wer mit dem Auto kommt, fährt von Alberschwende Richtung Egg. Kurz vor Egg weist eine Tafel zum Gasthaus Alpenrose Kaltenbrunnen. Wir fahren dort mit dem Auto bis zur scharf rechts abzweigenden Straße Richtung Kaltenbrunnen (Tafel). Wir kommen zu einer Einkehrstätte an einem sonnigen Platz, die eine mit viel Holz gestaltete, heimelige Stube und eine überdachte Terrasse besitzt. Die Aussicht reicht in den Bregenzerwald bis zu den Bergen im deutschen Gebiet. Vom **Gasthaus Alpenrose** steigen wir das Sträßchen hoch. Nach ¼ Std. kommt ein Aussichtspunkt mit Alpkreuz und Bank. Nach dem Wald wenden wir uns zum „Brüggele" (Tafel gelbblau). Bald erreicht man das **Alpengasthaus Brüggele**, wo wir auf keinen

Die weit gestreute Ortschaft Egg.

Fall versäumen dürfen, den ganz nahen Gipfel zu besteigen. Dort erwartet uns eine Gipfelrundsicht, die bei klarem Wetter bis zum Bodensee reicht. Man muß dort oben ein bißchen verweilen, um alle Schönheiten zu sehen.
Abstieg über Jausenstation Berchtoldshöhe (Höhe Vorsäß): Vom Gipfel aus sehen wir rechts vom Gasthaus Brüggele die Jausenstation Berchtoldshöhe, die wir besuchen wollen. Wir können auf einem Güterweg in einer kleinen Runde zu dieser Aussichtsterrasse hinüberwandern (gelb-rot), um dann auf dem Güterweg wieder zu unserem Aufstiegsweg nach **Kaltenbrunnen** zu gelangen.
Von der Hüttenwirtschaft Berchtoldshöhe gehen wir weglos im Bereich der Hochspannungsleitung zum Waldweg nach Kaltenbrunnen.

31 Von Bezau nach Bad Reuthe, 660 m

Erholsamer Wanderweg zum Kurbad Reuthe

Bezau – Greben – Kirche Reuthe – Moorbad Reuthe – und zurück

Talort: Bezau, 650 m, Hauptort des Bregenzerwaldes mit 1200 Fremdenbetten.
Ausgangspunkt: Ortsmitte Bezau, bei der Postautohaltestelle.
Parkmöglichkeit: In der Ortsmitte.
Gehzeiten: Knapp 2 Std. insgesamt.
Anforderungen: Bequeme, ebene Wanderwege.
Höchster Punkt: Kirche Reuthe, 660 m.
Einkehrmöglichkeiten: Ghs. in Bezau und Kurhotel Reuthe.
Sehenswertes: Das Heimatmuseum in Bezau, die Hotelanlage in Bad Reuthe.

Diesmal wollen wir mit einem erholsamen Spaziergang eine gepflegte Einkehr verbinden.

Von Bezau zum Kurbad Reuthe: Die Tafel „Bezauer Rundweg“ weist an der Hauptschule vorbei. In der Parzelle Greben folgt die Tafel „Waldweg Reuthe blau-weiß“. Der Weg führt den Berghang entlang nach Reuthe. Wir durchwandern dabei das Talbecken von Bezau. Ein Stück folgt der Weg einem klaren Bächlein. Dieses überschreiten wir in der Höhe der Kirche von Reuthe.

An dieser sehenswerten Kirche vorbei, kommen wir nach Reuthe. Dies ist die älteste Niederlassung im hinteren Bregenzerwald. Wir überschreiten den Kirchenhügel und gehen nach dem Gasthaus Engel über den Bizauer Bach. Eine Tafel weist den Bach entlang auf den Fußweg zum Moorbad Reuthe. In diesem stillen Seitental finden viele Erholungsuchende ihren Platz. Nicht nur die faszinierende Moorlandschaft der Umgebung, sondern auch die erlesene Gastronomie und Kurbehandlung wird von den Gästen geschätzt.

Wir gehen auf dem gleichen Weg **zurück nach Bezau**. Auch dort, im Hauptort des Bregenzerwaldes, findet der Kurgast beste Aufnahme. Interessierte schließen an diesen erholsamen Spaziergang von einem Kurzentrum zum anderen einen Besuch des Bezauer Heimatmuseums an.

Bezau ist ein geeigneter Ausgangspunkt für zahlreiche Fuß- und Radwanderungen.

32 Kanisfluh, 2044 m

Riesiger Felskoloß mitten im Bregenzerwald

Au – Argenfall – Ghf. Edelweiß – Kanisfluh-Holenke – und zurück

Talort: Au, bergumkränztes Erholungsdorf an der Bregenzer Ache.
Ausgangspunkt: Ghf. Edelweiß, 650 m über Au.
Parkmöglichkeit: Etwas vor dem Gasthof Edelweiß.
Gehzeiten: Aufstieg 1½–2 Std., Abstieg 1¼ Std.
Anforderungen: 600 m teils steiler Aufstieg auf gut markiertem Felssteig, der teilweise mit Steinschutt bedeckt ist.
Höchster Punkt: Kanisfluh, Holenke-Gipfel, 2044 m.
Einkehrmöglichkeiten: Ghf. Edelweiß, sonst nur in Au.
Sehenswertes: Die gewaltigen Felstürme dieses Gebirgsstockes sowie der fast senkrechte, 1200 m hohe Tiefblick ins Bregenzer-Ach-Tal und in die ganze Umgebung.

Sehr eindrucksvoll auf diesem Weg ist unter anderem die Felsflora. Die Kanisfluh ist wohl der schönste Berg des Bregenzerwaldes. Ihre Besteigung ist jedes Bergsteigers Wunsch. Durch bequeme Anfahrtsmöglichkeit und gut markierte Wege ist der Gipfel unschwierig zu besteigen.

Anfahrt und Gipfelbesteigung: Die Anfahrt mit dem Auto oder Bus erfolgt von Au Richtung Damüls bis zur Bushaltestelle Argenfall. Von dort kann man mit dem Auto auf steiniger Bergstraße zum Parkplatz in der Nähe des Gasthauses „Edelweiß“ fahren (zu Fuß geht man zuerst auf der Straße, dann auf einem Fußweg in 1½ Std. zum Gasthaus „Edelweiß“).

Die Kirche von Schoppernau mit der Kanisfluh im Hintergrund.

Beim Gasthaus befindet sich auf einem Stein die Markierung „Zur Kanisfluh 1½ Stunden". Zuerst wandern wir leicht ansteigend auf blumenreichen Matten und auf gut markiertem Weg hinauf. Wir haben Ende Juni auf diesem Wegstück schon 25 Alpenblumenarten gesehen.
Bald tauchen die Damülser Berge auf, die man von hier aus auch besteigen könnte. Vom Sattel zwischen dem Felsturm Hoher Stoß und dem Gipfel der Holenke (mit Kreuz) bietet sich ein Tiefblick auf Bizau und Bezau. Von diesem Sattel bis auf den Gipfel geht man am schönsten direkt auf dem Kamm. Die Gesteinsflora und der Fernblick auf beide Seiten sind beeindruckend. Auf dem Gipfel leisten uns bei der Jause die Alpendohlen Gesellschaft. Der Tiefblick von der fast senkrechten Felswand ist wie ein Bild aus der Vogelschau.
Wir gehen **auf dem gleichen Weg zurück** und finden im einzigen Gasthaus am Weg, dem „Edelweiß", eine sehr empfehlenswerte Einkehrmöglichkeit.

33 Höhenwanderung bei Vaduz

Spaziergang auf einer der schönsten Höhenpromenaden des Gebiets

Vaduz – Triesenberg – Silum – Sücka – Silum – Triesenberg – Vaduz

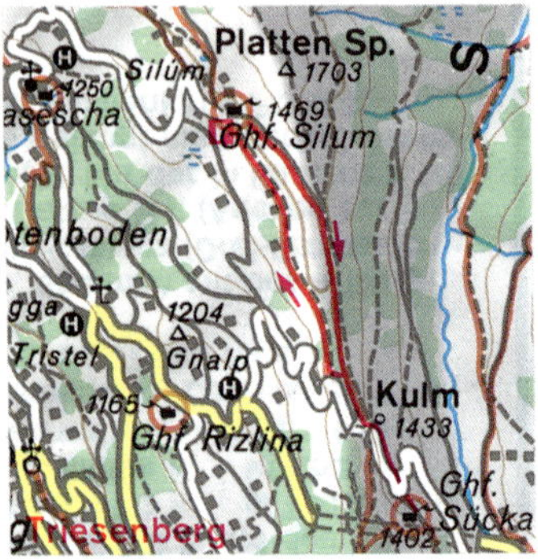

Talort: Vaduz, 455 m.
Ausgangspunkt: Ghf. Silum bei Triesenberg, 1469 m.
Parkmöglichkeit: 100 m vor dem Ghf. Silum.
Gehzeiten: Hinweg 1 Std., Rückweg ¾ Std.
Anforderungen: Bequemer Weg, auch für Kinder geeignet.
Höchster Punkt: Nach Silum, 1530 m.
Einkehrmöglichkeiten: Ghs. Silum und Bergghs. Sücka.
Sehenswertes: Der Tiefblick auf Steg, die Aussicht ins Rheintal, die Alpenflora am Weg und die einmalige Diaschau im Verkehrsbüro Triesenberg; Vaduz und das Schloß Vaduz.

Die Anfahrt mit dem Auto erfolgt bis Ghs. Silum, mit dem Postauto bis Ghf. Matu, von dort 20 Min. zu Fuß bis Silum.

Höhenweg Silum – Sücka: Vom Ghs. Silum gehen wir die Straße hinauf bis zur Wegtafel „Oberer Tunnel – Steg – Pfälzer Hütte". Wir gehen dort geradeaus (nicht rechts). Auf dem rechts abzweigenden Weg kommen wir dann zurück. Auf dem Höhenrücken angelangt, überrascht der Tiefblick in das Saminatal. Unter uns liegt das Maiensäß Steg mit einem großen Viereck von über 50 Alphütten.

Der bequeme Weg führt nun leicht fallend am Hang durch blumenreiche Bergwiesen. Große Bestände Gelben Enzians und abwechslungsreiche Flora begeistern den Blumenfreund (Pflanzenschutzgebiet!). Bei den Wegtafeln am „Alten Tunnel" machen wir einen Abstecher zum nahen Berggasthof Sücka.

Von Sücka auf neuem Weg nach Silum: Auf dem Rückweg zweigen wir durch das „Alte Tunnel" Richtung Silum ab (Tafel). Nach dem Tunnel achten wir auf die rechts weisende Tafel nach Silum. Auf dem nur leicht ansteigenden Weg kann man sich für die Ausblicke in das obere Rheintal viel Zeit lassen, denn man kommt bald wieder zum Ausgangspunkt zurück.

Vaduz, die Hauptstadt des kleinen, eigenständigen Fürstentums Liechtenstein.

34 Vaduz – Fürstensteig, 1910 m

Der kühne Alpenpfad

Gaflei – Fürstensteig – Bargellakamin – Bargellasattel – Gaflei

Talort: Vaduz, 455 m.
Ausgangspunkt: Bergghs. Gaflei, 1483 m. Zufahrt mit Auto oder Bus über Triesenberg.
Parkmöglichkeit: Parkplatz beim Ghs. Gaflei.
Gehzeiten: Aufstieg 2 Std., Abstieg 1½ Std.
Anforderungen: Gut gesicherter, unschwieriger Felssteig. Nach Unwettern Zustand erfragen (Verkehrsbüro).
Höchster Punkt: Kamin, 1910 m.
Einkehrmöglichkeiten: Ghs. Matu (nur zeitweise offen), Ghs. Masescha, zwischen Gaflei und Triesenberg.
Sehenswertes: Die wildromantische Anlage des Fürstensteiges.

Der 1898 von Fürst Johann II. erstellte Fürstensteig führt in fast senkrechte Felswände und Schluchten, die sonst nur Kletterern vorbehalten sind. Dabei ist der Steig durchgehend normal breit und sogar mit Stufen, Geländern und Halteseilen bestens versehen. Neue Aussichtsbänke und Absicherungen von Schmalstellen beweisen die laufende Instandhaltung des Steiges.
Anfahrt und Aufstieg: Vom Zentrum Vaduz weisen Tafeln am Schloß Vaduz vorbei (Einbahnstraße), das man nur von außen besichtigen kann. Wenn man das Schloß umfahren will, führt eine breite Straße von Vaduz nach Triesenberg. In Triesenberg weist eine Tafel nach Gaflei. Weiter oben folgen drei Tafeln zur Feriensiedlung **Gaflei**. Zuletzt biegen wir bei einer unbezeichneten Abzweigung nach links und kommen zum Parkplatz mit Postautohaltestelle. Eine Wegtafel zeigt dort zum **Fürstensteig**. Eine Schotterstraße führt nun steigend zu einer Weggabelung: links Fürstensteig, rechts Bargellakamin. Wir gehen links (und kommen dann auf dem Weg vom Bargellakamin zurück). Bei einer Bank in der Krummholzregion beginnt dann der eigentliche Fürstensteig. Schon auf den ersten Metern haben wir Tiefblicke in das über 1000 m unter uns liegende Rheintal. Die reichhaltige Felsflora ist hier geschützt. Am Ende des Fürstensteiges kommt eine Bank und etwas weiter die Tafel „Gafleisattel". Dort gehen wir geradeaus Richtung „Kamin Bargella" (Tafel). Nach einem weiteren Aufstieg von 100 Höhenmetern kommen wir zum „Kamin", einer Felsscharte mit anschließender Bank, von der wir eine Aussicht auf die Hüttensiedlung Steg mit zwei

Schloß Vaduz im Fürstentum Liechtenstein.

Stauseen haben. Wir überblicken das Talende des Saminatales und die hohen Rätikonberge ringsum.

Abstieg über Bargellasattel nach Gaflei: Der folgende Abstieg führt zur Wegtafel „Gaflei – Masescha"; ihr folgen wir. Über Alpwege kommen wir wieder zum Parkplatz zurück.

35 Malbun – Augstenberg, 2359 m – Pfälzer Hütte

Panoramaweg mit Gipfelbesteigung und Hütte

Malbun – Sareiser Joch – Augstenberg – Pfälzer Hütte – Alpe Gritsch – Vaduzer Täle – Malbun

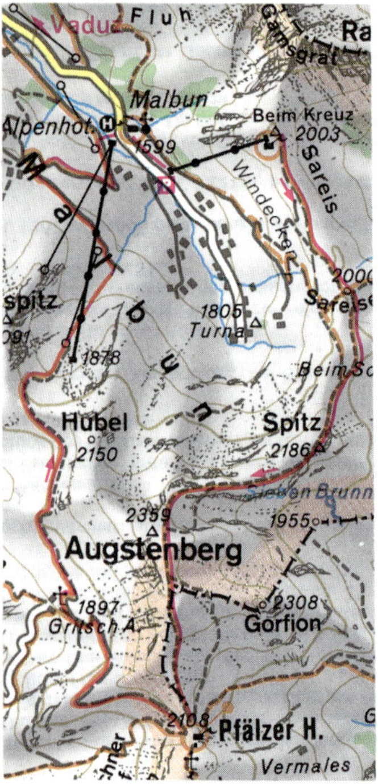

Talort: Vaduz, 455 m, Hauptstadt des Fürstentums Liechtenstein.
Ausgangspunkt: Malbun, Zufahrt über Triesenberg. Auffahrt mit dem Sessellift nach Sareis.
Parkmöglichkeit: Bei der Talstation des Sesselliftes in Malbun.
Gehzeiten: Bis Pfälzer Hütte 2½ Std., Abstieg nach Malbun 2 Std.
Anforderungen: Berg- und Felswege für gute Geher. Bei Nässe vom Gipfel herab rutschig (erdige Wege!); hier ist Vorsicht geboten!
Höchster Punkt: Augstenberg, 2359 m.
Einkehrmöglichkeiten: Pfälzer Hütte, Ghs. in Malbun, Bergrestaurant beim Sessellift.
Sehenswertes: Die Aussicht vom freien Höhenrücken und die Bergblumen am Weg.

Diese Rundwanderung oberhalb der Waldgrenze vermittelt einen Überblick über die gesamte Bergwelt von Liechtenstein bis weit in den Rätikon hinein. Wer Zeit hat und es gemütlich nehmen will, kann auf der Pfälzer Hütte übernachten und am zweiten Tag den Naafkopf, 2571 m, besteigen (die Hüttenwirtin gibt gerne Auskunft).

Von Malbun zum Gipfel: Die Anfahrt erfolgt über Vaduz nach Triesenberg. Von dort weisen Schilder nach **Malbun** (auch Postautoverkehr). In Malbun fahren wir mit dem Sessellift nach **Sareis**, wodurch man sich eine gute Stunde Aufstieg erspart (man kann auch zu Fuß über die Alpe Turna in 1½ Std. zum Sareiser Joch hochsteigen). Eine Wegtafel weist beim Bergrestaurant vorbei zur Pfälzer Hütte. Wir gehen links auf den Kamm (Tafel „Sareiser Joch, Pfälzer Hütte weiß-rot-weiß"). Vom **Sareiser Joch** sieht

Die Pfälzer Hütte, das Ziel unserer Wanderung.

man links ins Gamperdonatal mit dem Nenzinger Himmel hinab. Der folgende Höhenkamm bietet uns eine herrliche Aussicht auf beide Seiten. Die hohen Gipfel über dem linken Talende sind der Schesaplanastock. Vor uns verlockt der Gipfel des Augstenberges mit seinem Gipfelkreuz. Dieser besonders schöne Weg wurde zu Ehren der wohltätigen Fürstin von Liechtenstein 1988 „Fürstin-Gina-Weg“ getauft. Vom Gipfel hat man eine Rundsicht bis weit in den Rätikon hinein.

Rückweg über die Pfälzer Hütte nach Malbun: Wir überschreiten den Gipfel und folgen dem auf Sichtweite markierten Weg zur **Pfälzer Hütte**. Auf der gut geführten Alpenvereinshütte haben wir eine Rast verdient. Wir folgen von der Hütte einem Güterweg zu einer Tafel „Gritsch – Malbun“. Weitere Tafeln und Markierungen geleiten uns oberhalb der Alpe Gritsch vorbei. Dann steigen wir durch ein großes Weidegebiet 130 m hinauf und kommen zu einem Zaundurchlaß, von dem man nach Malbun hinabsieht. Durch das **Vaduzer Täle** steigen wir 420 m ab bis zum Ausgangspunkt.

36 Malbun – Galinakopf, 2198 m

Aussichtsberg an der Grenze

Malbun – Fürkle – Guschgfieljoch – Galinakopf – Malbun

Talort: Vaduz, 455 m, von dort über Triesen und Triesenberg nach Malbun.
Ausgangspunkt: Malbun (1599 m), beim Alpenhotel Malbun.
Parkmöglichkeit: Beim Alpenhotel Malbun.
Gehzeiten: Aufstieg 4 Std., Abstieg 2½ Std.
Anforderungen: Langer Anmarschweg (6 km) bis zum eigentlichen Gipfelaufstieg.
Höchster Punkt: Galinakopf, 2198 m.
Einkehrmöglichkeiten: Mehrere Gsh. in Malbun.
Sehenswertes: Der Alpenrundblick vom Gipfel aus.

Diese Wanderung führt zuerst auf einem Höhenweg mit Aussichtsbänken, dann durch ein Weidegebiet mit freier Sicht in leichtem Auf und Ab zum Fuße des Galinakopfes. Der Aufstieg auf gut markiertem Weg vermittelt ein großartiges Alpenpanorama.

Anmarsch und Gipfel: Beim Alpenhotel Malbun weist eine Tafel auf den Wanderweg Sass. Vor der Kapelle folgen wir der Tafel „Guschgfiel – Galinakopf“. Drei weitere Tafeln weisen an der **Alpe Matta** vorbei auf den Galinakopf. Bei einer Wegteilung in der Nähe des Mattler Jochs wählen wir den linken (näheren) Weg über Guschgfiel – Galinakopf. Beim nächsten Höhenrücken stehen zwei Plattengerüste zum Schutz vor Schneeverwehungen. Genau dort zweigen wir ohne Tafel rechts auf einen Fußpfad ab. Ein Weidezaun wird rechts hinauf um-

Malbun von der Alp Turna aus gesehen.

gangen, und wir kommen auf einen weiß-rot-weiß markierten Weg. Dieser führt bis auf den **Gipfel** des Galinakopfes.

Gipfel und Rückweg: Der freistehende Gipfel bietet ein einzigartiges Panorama: eine Gipfelwelt vom Rätikon bis zum Schweizer Alpstein. Tief unten liegt der Walgau und das Rheintal, und man sieht bis weit nach Oberschwaben hinaus. Wir kehren dann auf dem **gleichen Weg zurück**.

37 Schönberg, 2104 m

Der Name hält wirklich, was er verspricht

Malbun – Sass Fürkele – Schönberg – Malbun

Talort: Vaduz, 455 m, von dort über Triesen und Triesenberg nach Malbun.
Ausgangspunkt: Beim Alpenhotel Malbun, 1599 m, in Malbun.
Parkmöglichkeit: Beim Alpenhotel Malbun.
Gehzeiten: Aufstieg 2½ Std., Abstieg 1½ Std.
Anforderungen: Gesicherter, gut ausgebauter Felsweg, unschwierig.
Höchster Punkt: Schönberg, 2104 m.
Einkehrmöglichkeiten: Mehrere Ghs. in Malbun.
Sehenswertes: Die Gipslöcher bis zum Fürkele und die Flora am Weg.

Diese Wanderung beginnt mit einem Spazierweg, führt dann auf einem romantischen Felsweg und zuletzt über Grasmatten zum Aussichtsgipfel.

Bei der Anfahrt folgen wir der Betafelung Vaduz – Triesen – Triesenberg nach dem Feriendorf Malbun (auch Busverbindung).

Der Aufstieg: Zwei Wandertafeln weisen beim Hotel **Malbun** auf den Wanderweg Sass. Vor der Kapelle folgen wir links der Tafel „Sass – Schönberg weiß-rot-weiß". Ein Wanderweg mit Bänken bietet eine reichhaltige Flora. Interessant sind auch die vielen trichterförmigen Löcher im umliegenden Gelände. Diese stammen von einer Gipsschicht, die in der Eiszeit ausgeschwemmt wurde. Einmal wurde sogar das Gerippe eines vermißten Rindes darin gefunden. Auch Blumen siedelten sich in diesen ungedüngten Flecken an. Auf dem **Sass Fürkele**, 1785 m, folgen wir der links weisenden Tafel „Schönberg – Bergle weiß-rot-weiß".

Bald folgt eine Wegteilung, wo wir links auf dem besseren Weg weitergehen und auch die Markierung finden. Ein gut angelegter und ausgebauter Weg umrundet leicht ansteigend eine riesige Mulde. An einem Felsturm mit Kreuz (Kirchli) vorbei erreichen wir den Kamm. Tief unten liegt das Saminatal mit den Drei Schwestern am Horizont. Dahinter erblickt man den Alpstein mit Säntis und links davon die Alvierberge.

Am Sasser Seelein oberhalb von Malbun.

Auf dem **Gipfel** sieht man den Schesaplana-Gipfel, die Zimba und das Rheintal bis zum Bodensee.

Der Abstieg: Vom Gipfel steigen wir weglos Richtung Malbun ab und zwar zum ersten Brunnentrog. Von dort gehen wir Richtung „Kirchli" (Felsturm mit Kreuz). Bald kommen wir auf Wegspuren, links vom Kirchli, zum markierten Aufstiegsweg, auf dem wir zum Ausgangspunkt zurückgehen.

38 Radwanderung Feldkirch – Vaduz

Betafelter Radwanderweg durch sechs Orte

Feldkirch – Tosters – Mauren – Eschen – Bendern – Vaduz

Ausgangsort: Feldkirch, 458 m.
Ausgangspunkt: Beim Bahnhof in Feldkirch.
Parkmöglichkeit: Beim Bahnhof.
Strecke und Fahrzeit: Insgesamt 36 km, 2 Std.

Anforderungen: Gut beschilderte Asphaltwege.
Einkehrmöglichkeiten: In allen Ortschaften.
Sehenswertes: Das Museum in Vaduz und ein Bummel durch die Stadt.

Blick auf das Dorfzentrum von Eschen.

Diese Radwanderung ist ein netter Besuch unseres kleinen Nachbarlandes Liechtenstein.

Von Feldkirch zum Rhein: Vom Bahnhof Feldkirch fahren wir bis zur Ampel an der Hauptstraße. Wir folgen dort der Beschilderung Tosters – Vaduz und biegen bei der dritten Ampel (nach dem Katzenturm) Richtung Tosters ab. Nach der Illbrücke fahren wir die zweite Straße links nach **Tosters**. Am Fuße des Schellenbergs entlang führt die „Hubstraße". Sie steigt etwas an und fällt dann zum Liechtensteiner Zollamt in **Mauren** ab. Wir folgen nun den roten Radtafeln. Über die Dörfchen **Eschen** und **Bendern** benützen wir die Autostraße (Gehsteig). In Bendern beim Hotel „Zum deutschen Rhein" fahren wir geradeaus zum Rheindamm und folgen diesem nach links. Das gewaltige Dammbauwerk wurde errichtet, nachdem 1927 ein Dammbruch verheerende Schäden verursachte.

Auf Radwegen bis Vaduz: Bei einer Eisenbahnbrücke in der Höhe von **Schaan** verlassen wir den Rheindamm und folgen den Radtafeln bis zu einer Rechtsabzweigung mit Wegkreuz. Wir fahren nun auf Nebenwegen zwischen Rheindamm und Hauptstraße bis **Vaduz**. Ein Besuch der Stadt

vermittelt einen abschließenden Eindruck von dem kleinen Land, das früher arm war und es nun weit gebracht hat. **Der Rückweg:** Wir benützen wieder Feldwege bis **Schaan**. Dort wenden wir uns dem Rhein zu und kommen auf dem gleichen Weg wieder nach **Feldkirch** zurück.

39 Radwanderung Liechtenstein-Süd

Am Rhein hinauf und durch vier Orte zurück

Vaduz – Mäls – Balzers – Triesen – Vaduz

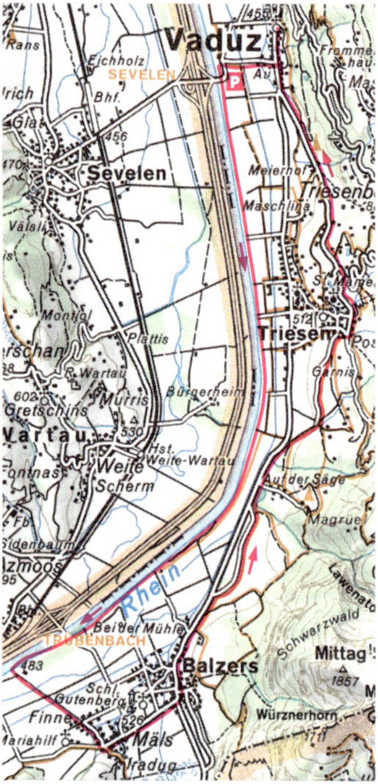

Ausgangsort: Vaduz, 455 m, die Hauptstadt des Fürstentums Liechtenstein.
Ausgangspunkt: Am Rhein bei der Holzbrücke.
Parkmöglichkeit: Sonntags bei Kieswerk, sonst (während der Betriebszeiten) bei der Wohnsiedlung (Holzbrücke Richtung Vaduz, links).
Strecke und Fahrzeit: 21 km, 1½ Std.
Anforderungen: In Triesen ist eine kleine Steigung zu bewältigen. Auf Wegführung achten!
Einkehrmöglichkeiten: In allen Orten mehrere Gasthäuser.
Sehenswertes: Schloß Gutenberg, in Vaduz die liechtensteinische staatliche Kunstsammlung.

Diese Rundfahrt führt auf dem hohen Rheindamm entlang und dann über sehenswerte Ortschaften auf Nebenwegen zurück.

Dem Rhein entlang bis zur Grenze Liechtensteins: Wir fahren, von der Autobahn kommend, über die Rheinbrücke nach **Vaduz**. Der Radweg beginnt genau bei der alten Holzbrücke (Tafel) und führt am Rhein entlang, später auf dem Damm rheinaufwärts. Nach 8 km folgt die nächste Rheinbrücke.

Am Berghang zurück: Etwa 1 km danach kommen wir zu einer Fußgängerbrücke, bei der wir links, dann immer geradeaus nach **Mäls** fahren. Im Ort folgen wir der links abzweigenden Hauptstraße nach **Balzers**. Das links auf einem Hügel liegende **Schloß Gutenberg** kann derzeit nur von außen besichtigt werden, es soll aber später als Museum ausgestattet werden. Wir durchfahren Balzers auf der Hauptstraße bis bei den letzten Häusern (Roxy Bar) die alte Landstraße rechts abzweigt (gelbe Wandertafel „Landstraße Vaduz“). Achtung: Etwas weiter bei einer Gabelung (Parkplatz Parcours) fahren wir nicht links den Radweg der Landstraße entlang, sondern rechts

Balzers mit Pfarrkirche und Schloß Gutenberg.

hinauf (Tafel „Tennisanlage“) nach **Triesen**. Obwohl diese Straße 60 m Steigung aufweist, ist sie schöner als der Radweg entlang der Hauptstraße. In Triesen fahren wir auf der Landstraße weiter. Erst wo die Straße nach Triesenberg abzweigt, fahren wir die Autostraße nach Vaduz hinab. In **Vaduz** können wir gegenüber der Post die Kunstausstellung besichtigen. Im ersten Stock sind moderne Bilder zu sehen, im zweiten Stock Leihgaben aus der fürstlichen Sammlung. Alle zwei Jahre werden neue Leihgaben ausgestellt. Von hier fahren wir zur Rheinbrücke, unserem Ausgangspunkt, zurück.

40 Radwanderung Hohenems – Feldkirch

Auf dem Landes-Radweg den Rhein entlang

Hohenems – Alter Rhein – Meiningen – Bangs – Nofels

Blick auf das herbstliche Nebelmeer im Rheintal.

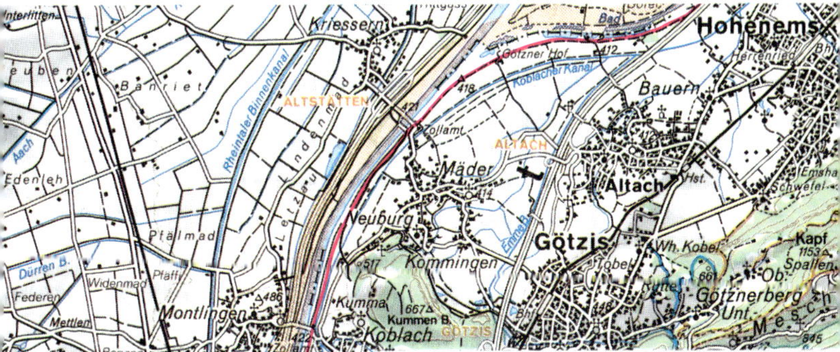

Ausgangsort: Zollamt Hohenems, 432 m, gegenüber Diepoldsau.
Parkmöglichkeit: In der Nähe des Zollamtes.
Strecke und Fahrzeit: 23 km, 1½ Std.
Anforderungen: Gut betafelte, asphaltierte Wege, ohne Steigung und Autoverkehr.
Einkehrmöglichkeiten: Bangs, Ghs. Stern, Nofels, Noflerstube (in Kirchennähe) oder Ghs. in Feldkirch.
Sehenswertes: Die Auen im Badegebiet am Alten Rhein, die Aussicht vom Rheindamm.

Die Strecke verläuft dem Rhein entlang und ist nicht zu verfehlen. Sie ist landschaftlich eindrucksvoll und still.

Dem Rhein entlang zur Ill: Der Radweg führt immer dem Rhein entlang bis **Meiningen**. Bei der Abzweigung nach Meiningen bleiben wir weiter am Rhein. Wir überqueren die Ill auf einem Steg und fahren rechts weiter bis zum Zollamt Bangs. Dort geht es auf der Bundesstraße bis **Bangs**. Von Bangs kann noch ein Abstecher nach Nofels und Feldkirch gemacht werden. Der **Rückweg** erfolgt auf der gleichen Strecke.

41 Radwanderung von Höchst bis Mäder

Stiller Radweg an Wasserläufen entlang

Höchst – Lustenau – Alter Rhein – Mäder – Schweiz – Rheintal-Binnenkanal – Au – St. Margrethen – Höchst

Ausgangsort: Höchst, 403 m.
Ausgangspunkt: Beim Zollamt Höchst finden wir beim Damm die Radtafel mit gelbem Pfeil nach Lustenau.
Parkmöglichkeit: Nahe des Zollamts.
Strecke und Fahrzeit: 30 km, 2½ Std.

Anforderungen: Ebene Wege. Ortsumfahrung von Lustenau ohne Radtafeln!
Einkehrmöglichkeiten: Mehrere Ghs. in jedem Dorf.
Sehenswertes: Das Erholungsgebiet Rheinauen beim Alten Rhein.

Tiefblick auf das Rheintal.

Von Höchst nach Mäder: Vom Zollamt Höchst fahren wir auf dem Damm bis Höchst-Brugg und überqueren dort den Rhein. In **Lustenau** müssen wir nach 500 m auf die Linksabzweigung mit grüner Radtafel achten. Wir umfahren die Gemeinde links herum auf Nebenwegen und müssen dann ohne Tafeln am Ortsende zum Neuen Rhein finden. Wir folgen diesem und kommen dann zum **Alten Rhein**, dem wir auf dem Damm flußaufwärts folgen. Dieser alte Flußarm mit seinen großen Wasserflächen und der stillen Umgebung lädt auch zu einem Bad am Naturufer ein. Es folgt dann ein öffentliches Bad beim Erholungszentrum **Rheinauen**. Von dort können wir den Radtafeln nach Mäder folgen. Etwa 600 m vor dem Zollamt Mäder steht auf dem Damm eine Bank, von der ein Weglein zu einem kleinen Baggersee mit Grillplatz führt. Dies ist ein idyllischer Ruheplatz.
Der Rückweg dem Binnenkanal entlang: Beim Zollamt **Mäder** fahren wir über die Grenze. Gleich kommt ein Kanal, dem wir auf der linken Seite Richtung St. Margrethen folgen. Dieser Kanal mündet dann in den größe-

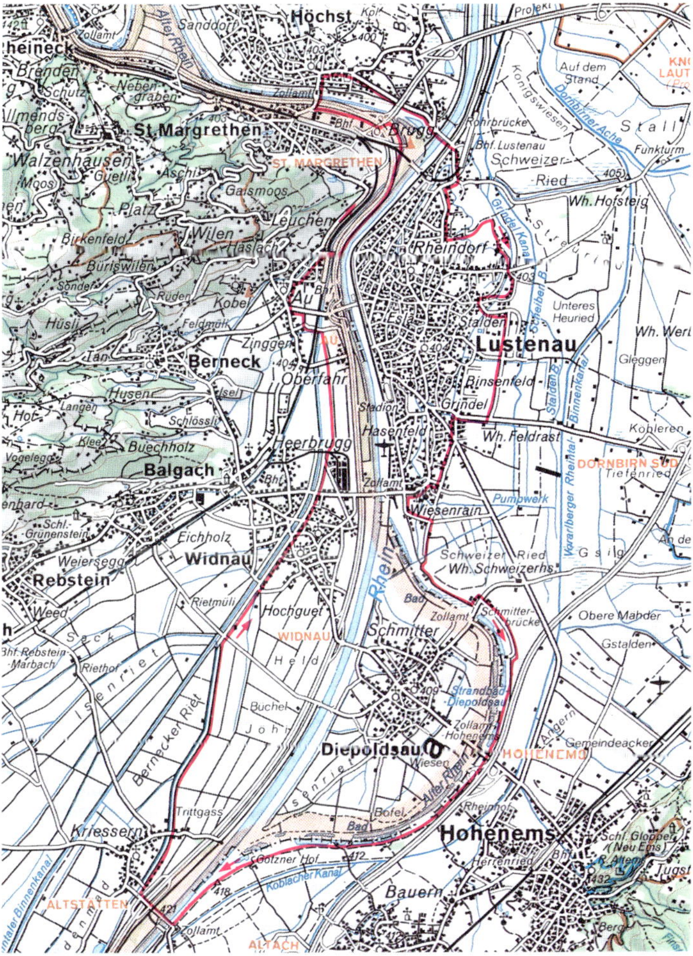

ren Rheintal-Binnenkanal. Wir folgen diesem auf einem schmalen Sträßchen bis **Widnau** und **Au**. Dort fahren wir durch die Autobahnunterführung und kommen bei St. Margrethen wieder über die Grenze nach **Höchst**.

42 Radwanderung am österreichischen Bodenseeufer

Das ganze Ufer ist frei zugänglich

Lochau – Bregenz – Hard – Fußach – Rohrspitz – Gaißau

Ausgangsort: Lochau, 414 m.
Ausgangspunkt: Grenze Unterhochsteg.
Parkmöglichkeit: Parkplatz am Sportplatz.
Strecke und Fahrzeit: 54 km, 3 Std.
Anforderungen: Auf dem Damm ebener Grasweg, daneben Schotterstraße.
Einkehrmöglichkeiten: Mehrere Gsh. an der Strecke.
Sehenswertes: Das Fährschiff in Lochau, die Seeanlagen in Bregenz, die Bühnenanlagen beim Festspielhaus, der Naturstrand bis zur Bregenzer Ache, großer Naturstrand in Hard, das Naturschutzgebiet Rohrspitz mit Wasservögeln.

Von Lochau nach Fußach: Bei der beschrifteten Zollwachabteilung weist eine Radtafel rechts zum See. Nach Überquerung der Bahnlinie kommen wir beim Sportplatz zu einem Parkplatz. Der Radweg führt an einem Naturstrand entlang bis zu den Hafenanlagen von **Lochau** mit dem großen, bewirteten Fährschiff, von dem man eine weite Rundsicht genießen kann. Nun folgt ein asphaltierter Uferweg bis in die Bregenzer Seeanlagen, wo gepflegte Blumenanlagen zu kurzem Verweilen einladen. Beim Festspielhaus kann die Tribüne mit der Seebühne besichtigt werden. Es folgt das Strandbad und die Segelhäfen mit dem Seestüble. Nach dem Kloster **Mehrerau** fahren wir den Naturstrand entlang, wobei es auch Bademöglichkeiten gibt. Wir fahren bis zur Bregenzer Ache, dann links hinauf bis zur Brücke. Nach Überquerung der Ache geht es gleich wieder rechts den Fluß entlang zum See. In **Hard** finden wir beim Strandbad-Restaurant einen Platz direkt an der Harder Bucht.

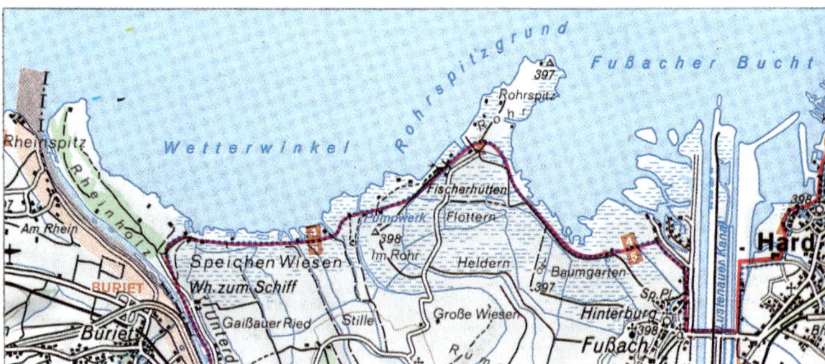

Im Naturschutzgebiet Rohrspitz.

Nun führen die Radtafeln dem See entlang bis zum Rhein, den man in **Fußach** überqueren muß. Nach der Brücke fährt man rechts dem Rhein entlang, bis eine Radtafel nach links weist.

Dem Naturufer entlang bis nach Gaißau: Wir fahren nicht bis zum See hinaus, sondern kommen auf den Polderdamm. Das ist ein Damm, der das dahinterliegende Gebiet vor Überschwemmungen bei hohem Seestand schützt. Auf diesem Damm fahren wir nun mit Aussicht auf beide Seiten bis nach **Gaißau**.

Dabei durchradeln wir ein naturgeschütztes Gebiet mit Schilfufern und großen Wiesenflächen.

Auf dem **Rückweg** benützen wir die gleiche Route.

43 Radweg Rheindelta und Lauteracher Ried

Große Runde durch Wiesen- und Riedflächen

Hard – Gaißau – Lustenau – Lauterach – Hard

Ausgangsort: Hard, 398 m.
Ausgangspunkt: Rheinbrücke zwischen Hard und Fußach.
Parkmöglichkeit: Bei der Ortseinfahrt Fußach.
Strecke und Fahrzeit: 38 km, 2¼ Std.
Anforderungen: Ebene Radwege.

Einkehrmöglichkeiten: Mehrere Ghs. entlang der Strecke.
Sehenswertes: Das naturbelassene Seeufer am Rohrspitz und in der Harder Bucht. In Höchst kann man eine der schönsten Kirchen des Landes besichtigen.

Das Gebiet zwischen Altem und Neuem Rhein wird Rheindelta genannt. Diese Runde führt durch das weite, unverbaute Gebiet in Seenähe und auf verkehrsarmen Radwegen in großem Bogen wieder zurück. Man folgt bei der Ortseinfahrt **Fußach** der Radtafel und findet die weiterführenden Tafeln zur Kirche und weiter zum Sportplatz. Von dort führt eine Straße zum Polderdamm. Auf diesem oder auf der Schotterstraße daneben fahren wir zu einer Fischerhütte mit Seeblick und weiter zum Camping-Restaurant **Rohrspitz**. Kurz danach liegt das Seerestaurant. Weiter geht es auf der Asphaltstraße Richtung Höchst. Vor den ersten Häusern müssen wir rechts in Rich-

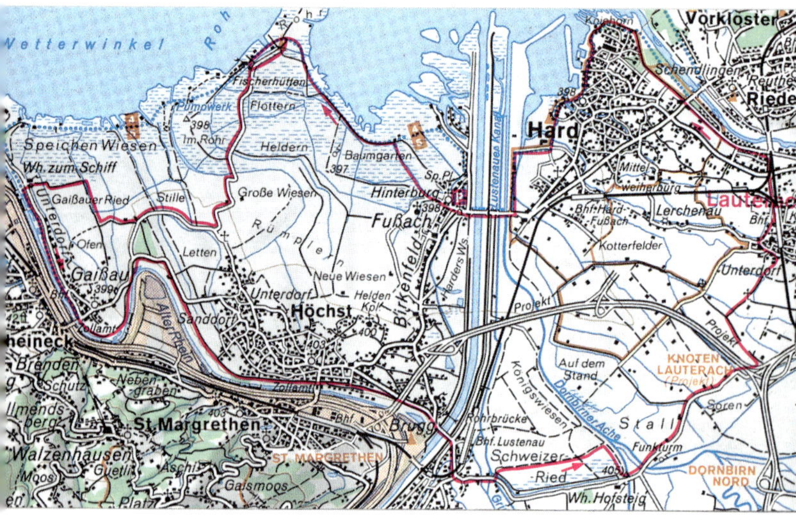

Radwandern am Harder Bodenseeufer.

tung Gaißau abbiegen. Wir kommen beim Gasthaus Schiff in **Gaißau** heraus.
Von dort fahren wir den Alten Rhein entlang flußaufwärts zum Zollamt Gaißau und zum **Zollamt Höchst**. Dort weist eine Radtafel geradeaus auf den Damm nach Lustenau. Bei **Höchst-Brugg** überquert man den Rhein. Nach der Bahnunterführung in Lustenau muß man auf die Linksabzweigung in die Zellgasse achten. Durch das idyllische Schweizer Ried erreichen wir den von weitem sichtbaren Funkturm.
Zurück durch das Lauteracher Ried: Vom Funkturm an müssen wir auf die Radtafeln durch das Lauteracher Ried achten und kommen über das Unterdorf zur Bregenzer-Ach-Eisenbahnbrücke. Wir lassen die Bahnlinie immer rechts liegen. Vor der Eisenbahnbrücke zweigen wir links nach **Hard** ab. Dort geht es dem See entlang bis zum Neuen Rhein und diesen flußaufwärts zur Rheinbrücke und zum Ausgangspunkt.

44 Durch das Ried

Auf guten Wegen in eine Naturlandschaft

Dornbirner Messehalle – Alter Rhein – Dornbirner Ried – Lauteracher Ried – Haselstauden – Dornbirner Messehalle

Ausgangsort: Dornbirn, 452 m, am Beginn der Messestraße.
Parkmöglichkeit: Bei der Messehalle.
Strecke und Fahrzeit: 21 km, 1½ Std.
Anforderungen: Bei der Wegsuche Text genau beachten oder nachfragen.

Höhenunterschied: Kein nennenswerter.
Einkehrmöglichkeiten: Mehrere Ghs. entlang der Strecke.
Sehenswertes: Die großen Naturflächen vom Schweizer Ried, Gleggen und beim Funkturm.

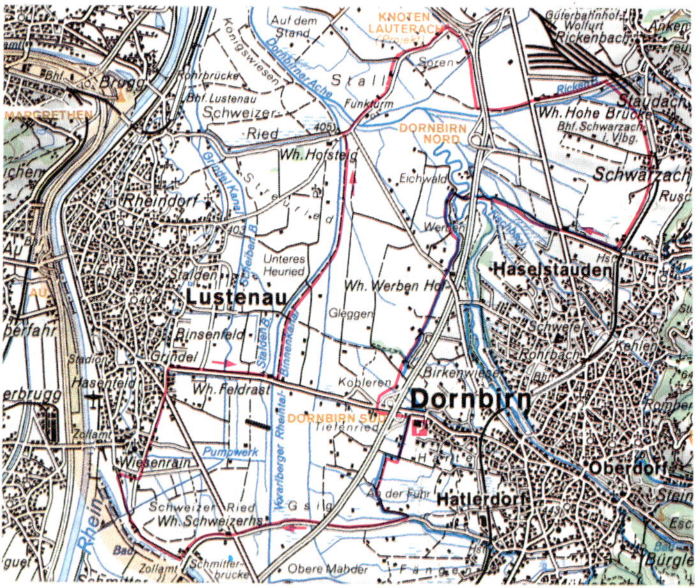

Von Dornbirn bis Lauterach: In Dornbirn bei der Abzweigung der Messestraße von der Lustenauer Straße findet man an einem Lichtmast die Radtafel „Hatlerdorf – Hohenems“. Nach der Halle 9 des Messegeländes fahren wir rechts. Weitere Tafeln weisen nach Hatlerdorf. Wir radeln durch die riesigen Weideflächen von **Gsig**. Vor der Bahnunterführung benützen wir den blau beschilderten Radweg links. Weitere Tafeln geleiten uns zur

Das Bodenseegebiet eignet sich bestens zum Radwandern.

Schweizerstraße nach **Lustenau**. Über den Vorarlberger Rheintal-Binnenkanal kommen wir zum Gasthaus Schweizerhaus. Weiter geradeaus Richtung Schmitter (Tafel). Beim Betonwerk geht es auf dem großen Rheindamm weiter. An einer Schranke verlassen wir den Rheindamm nach rechts und finden die Radtafeln mit Dreieck nach Lustenau. Nun immer geradeaus. Vor Überquerung einer Hauptstraße weist wieder eine Radtafel in Richtung Lustenau. Die nächste Radabzweigung nach Dornbirn beachten wir nicht, sondern fahren geradeaus weiter durch die Binsenfeldstraße. Weitere Tafeln führen uns lückenlos Richtung **Lauterach**. Nach Überquerung des auffälligen Rheintal-Binnenkanals radeln wir links Richtung Funkturm. Es folgt das **Untere Heuried** (Tafel). Die nächste Tafel weist Richtung Bregenz. Nach 2 km kommen wir am Sendeturm vorbei. Es folgt das **Lauteracher Ried**.

Von Lauterach nach Dornbirn: Eine Linksabzweigung zum Jannersee beachten wir nicht, sondern fahren geradeaus Richtung Wolfurt. Nach dem Güterbahnhof-Postamt fahren wir geradeaus durch die Bahnunterführung. Nach dieser weist eine Tafel nach Schwarzach-Wiesenweg rechts. Die Beschilderung führt weiter über Schwarzacher Gebiet. Bei einer Steinbrücke überqueren wir die Schwarzach und folgen der Tafel „Schwarzach". Die weitere Beschilderung begleitet uns nach **Dornbirn**. Am Bahnhof Haselstauden führt die Straße rechts weiter. Die Dornbirner Straße wird überquert, und man muß dort die rechts vom Bach weiterführende Straße Richtung Martinsruh nehmen (grüne Tafeln). Am Reitstall vorbei, überqueren wir vor dem Gutshof Martinsruh die Dornbirner Ache und fahren links Richtung Werbenhof. Beim folgenden Gasthof Werbenhof überqueren wir die Autobahn nicht, sondern folgen der Radtafel Hatlerdorf. Durch die zweite Autobahnunterführung (Tafel Hatlerdorf – Hohenems) und zurück zum Ausgangspunkt.

45 Radwanderung Höchst – Diepoldsau – über Lustenau zurück

Nach Besuch der Schweiz geht's zum Alten Rhein

Höchst – St. Margrethen – Diepoldsau – Lustenau – Höchst

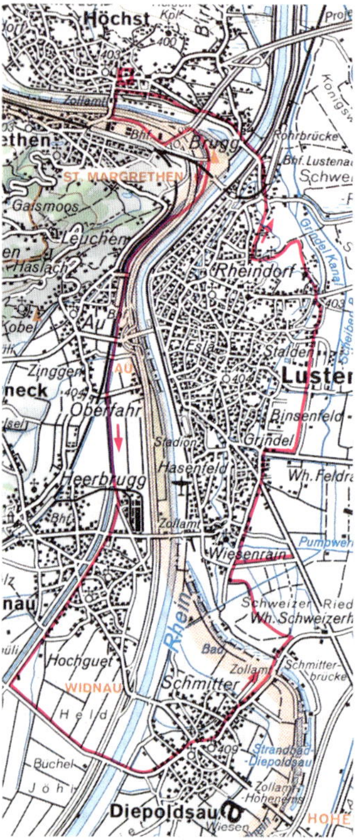

Ausgangsort: Höchst-Zollamt, 403 m.
Parkmöglichkeit: Etwas vor dem Zollamt.
Strecke und Fahrzeit: 24 km, 1½ Std.
Anforderungen: Beschilderte Radwege.
Einkehrmöglichkeiten: Mehrere Ghs. in allen Ortschaften.
Sehenswertes: Der Rheindurchstich bei Diepoldsau mit seinen hohen Dämmen.

Diese Runde vermittelt Eindrücke vom Schweizer Gebiet und dessen Bewohnern.

St. Margrethen – Diepoldsau: Nach dem Grenzübergang weist ein Schild zum Schwimmbad und Campingplatz. Weitere Hinweistafeln führen vorbei am Rheinpark und über die Autobahnbrücke. Weiter führt ein Sträßchen zum Damm des Neuen Rheins. Wir folgen dem Rheindamm bis **Au** und fahren dann den Rheintal-Binnenkanal entlang bis **Widnau**. In Widnau geht's immer am Kanal entlang durch die Ortschaft. Etwa 1 km nach dem Ort kommt die gelbe Wandertafel „3 Brücken". Dort zweigen wir links nach Diepoldsau ab. In **Diepoldsau** fahren wir an den zwei Kirchen vorbei und passieren die Grenze bei der Schmitterbrücke.

Von Diepoldsau bis Höchst: Vom Zollamt fahren wir noch 200 m bis zum großen Rheindamm. Auf der asphaltierten Dammkrone durchradeln wir die Naturlandschaft Alter Rhein. Wir überblicken dabei das alte Flußbett des Rheins und rechts die weiten Flächen des Schweizer Riedes. Kurz vor den

Der Alte Rhein bei Lustenau.

ersten Häusern von Lustenau verlassen wir den Rheindamm nach rechts auf einer Asphaltstraße und finden dort die weiterführenden Radtafeln. Wir umfahren nun die Ortschaft Lustenau im Ried und erreichen am Ende des bebauten Gebietes von Lustenau die Rheinbrücke nach Höchst Brugg. Rote Radtafeln führen auf dem Rheindamm nach **Höchst** zum Ausgangspunkt zurück.

46 Radwanderweg Feldkirch – Bludenz

Auf Nebenwegen durch die große Talebene

Feldkirch – Frastanz – der Ill entlang nach Gais – Bludesch – Lutz-Kraftwerk – Thüringen – zur Ill – dem Fluß entlang bis Bludenz – Stallehr

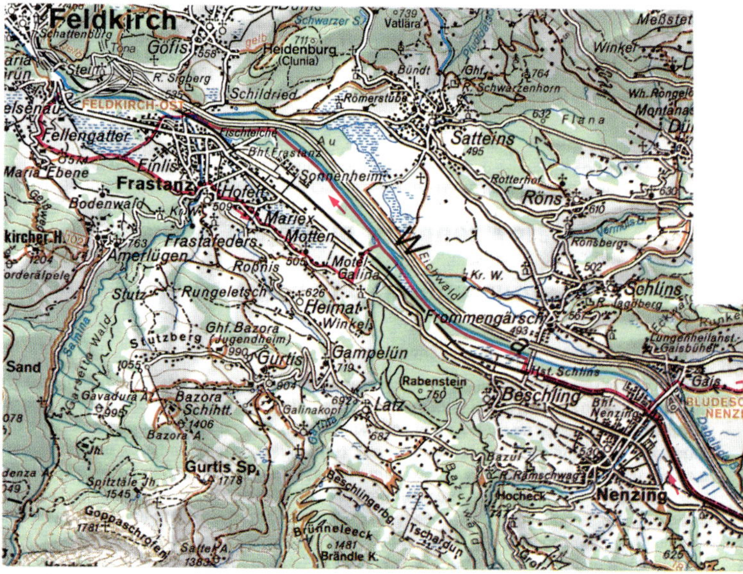

Ausgangsort: Feldkirch, 458 m.
Ausgangspunkt: Stadtausfahrt Richtung Bludenz, bei der Abzweigung nach Fellengatter – Maria Grün.
Parkmöglichkeit: Nach der Radtafel.
Strecke und Fahrzeit: 54 km, 3 Std.

Anforderungen: Mit Radtafeln bezeichnete Asphaltstrecke.
Einkehrmöglichkeiten: Ghs. in den angrenzenden Orten.
Sehenswertes: Das bergumkränzte Walgautal mit dem Ufer der Ill.

Der Radweg wurde im Walgau so gut betafelt, daß er ohne Schwierigkeiten zu finden ist. Wir lernen eine liebliche Landschaft mit kleinen, stillen Dörfern kennen. Wege, die man sonst nie beachtet, erfreuen durch weite Felder und stille Flußufer.

Von Feldkirch bis zum Walgaubad in Nenzing: In Feldkirch zweigen wir bei der Ausfahrt nach Fellengatter – Maria Grün (Tafel) ab. Wir finden dann bei der Tafel „Frastanz“ unsere Radwegtafel. Die Tafeln führen uns nun durch das schilfbestandene Grundwasserschongebiet. Dann durchfahren wir, links an der Kirche vorbei, **Frastanz**.

Die nach Nenzing weisenden Radtafeln führen uns auf guten Nebenstraßen durch die aufgelockerten und wohnlichen Parzellen **Mariex** und **Motten**. Am Ende dieser Siedlung fahren wir zum Walgaukraftwerk. Nach dem Kraftwerk verlassen wir die Straße nach links. Das Wasserschutzgebiet der Illauen und der Illuferdamm zum Walgaubad in **Nenzing** sind ideale Radwanderstrecken: Schön still mit Möglichkeiten für einen kurzen Aufenthalt.

Vom Walgaubad nach Bludenz-Stallehr: Nach dem Walgaubad überqueren wir dann die Ill auf einer Holzbrücke Richtung Gais – Bludesch. Nun lernen wir das Tal von seiner schönsten Seite kennen. Was man sonst schnell auf der Hauptstraße durcheilt, stellt sich als eine liebliche Landschaft mit großen freien Flächen dar.

Weiter geht es nach **Thüringen** und **Bludenz**. Eine schnurgerade Straße führt vom Lutz-Kraftwerk flußaufwärts. Die Lutz wird nach Ludesch überquert, und wir fahren nach dem Fluß links Richtung Thüringen (Tafel Nüziders – Bludenz). Nun geht es 6 km der Ill entlang bis Bludenz. Dort suchen wir die Autostraße ins Montafon und finden sofort die Radtafel nach **Stallehr**. Im Örtchen ist End- und Umkehrpunkt.

Auf dem Rückweg können wir vor Nüziders die Ill überqueren und dann, am Ufer bleibend, ohne Abzweigungen bis **Feldkirch** durchfahren.

47 Radwanderung Sibratsgfäll – Rohrmoostal

Autofreie Privatstraße im Naturschutzgebiet

Sibratsgfäll – Grenze – Aibelealpe – Rohrmoos – und zurück

Ausgangsort: Sibratsgfäll, 929 m.
Ausgangspunkt: Links an der Kirche.
Parkmöglichkeit: Beim Gemeindeamt.
Strecke und Fahrzeit: 32 km, $2^1/_2$ Std.

Anforderungen: 200 m Steigung. Paß und DM mitnehmen.
Einkehrmöglichkeiten: Am Rindberg, an der Aibelealpe und in Rohrmoos.

Wo gibt es das noch? Ein ganzes Tal mit verkehrsfreier Privatstraße in einem Naturschutzgebiet! Das ist ideal für Radler mit Freude an der Natur.

Von Sibratsgfäll taleinwärts: Nach einer Steigung von etwa 100 m kommt die Parzelle **Rindberg** mit Gasthaus. Auf dieser Strecke liegen die markanten Gottesackerwände vor uns. Vom Zollamt an ist die Straße autofrei. 5 km nach der Grenze liegt ein großes Alpgebäude links in der Weidelandschaft. Das ist die **Aibelealpe**, wo man eine Rast machen und sich mit einer zünftigen Bauernjause bewirten lassen kann.
2 km danach fahren wir über die Wasserscheide zwischen Nordsee und Schwarzem Meer. Nach einem weiteren Kilometer erreichen wir die links liegende Parzelle **Rohrmoos** mit Kapelle und Gasthaus. Dieses an das Ifen- und Gottesackergebiet grenzende Tal zeichnet sich durch besondere landschaftliche Schönheit und Naturbelassenheit aus. Da die Straße bis zur nächsten Ortschaft, Tiefenbach, stark fällt, wählen wir in Rohrmoos den Umkehrpunkt und fahren **auf der gleichen Strecke zurück.**

Von Sibratsgfäll nimmt unsere Radwanderung ihren Ausgang.

48 Radwanderung rund um den Bodensee, Teil I

Auf der Schweizer Seite bis Konstanz

Bregenz – Rorschach – Arbon – Romanshorn – Kreuzlingen

Ausgangsort: Bregenz, 400 m, am Schiffshafen (Fahrradverleih).
Parkmöglichkeit: Beim Festspielhaus.
Strecke und Fahrzeit: Ca. 65 km, 4 Std.

Einkehrmöglichkeiten: Ghs. in allen Orten, teilweise direkt am See.
Sehenswertes: Die Seeanlagen und das Festspielgelände in Bregenz.

Diese Radwanderung umrundet in drei Tagen den ganzen Bodensee. In der Hauptsaison ist es ratsam, Zimmer vorzubestellen (Auskunft bei den örtlichen Fremdenverkehrsämtern).
Das österreichische Bodenseeufer ist unverbaut und frei zugänglich.
Vom Neuen Rhein in Fußach bis zum Alten Rhein findet sich ein Ried- und Ufergebiet, in dem Massenbestände von Wasservögeln auf dem Vogelzug Nahrung finden. Die folgenden Orte Rorschach, Arbon und Romanshorn sind sehenswert und einen kleinen Aufenthalt wert. Bis Konstanz gibt es 15 Seebäder am Ufer.
Von Bregenz bis Konstanz: Ein beschilderter Radweg führt von Bregenz den See entlang bis zur Bregenzer-Ache-Mündung. Flußaufwärts geht es dann bis zur Achbrücke, die wir überqueren. Dann fahren wir der Ache entlang flußabwärts bis zum See. Längsseits des Harder Ufers, vorbei an den Seeanlagen, führt ein Weg dem Wasser entlang über einen Eisensteg. Dort weisen die Radtafeln bis zur Rheinbrücke Hard – Fußach. In der Ortsmitte von **Fußach** suchen wir die Radtafeln nach Höchst und folgen diesen (in Fußach links abzweigen). In **Höchst** überschreiten wir die Grenze nach **St. Margrethen** und zweigen nach der Tankstelle auf einen gelb betafelten Wanderweg ab. Dieser mündet auf eine Autobahnüberführung, der wir bis **Rheineck** folgen. – Es folgt die Tafel Buriet. Nach dieser zweigen wir auf ein Sträßchen ab.
Dann benutzen wir eine Bahn- und eine Autobahnunterführung. Nun folgen wir einem herrlichen Waldweg dem Alten Rhein entlang. Radtafeln geleiten uns rechts um den Flugplatz zum Örtchen **Altenrhein**. Weiter geht es zur Ortschaft **Staad**, wo es mehrere am See gelegene Gaststätten gibt. Beim Strandbad **Rorschach** können wir entlang der Industriegeleise einen Radweg finden, der, dem Seeufer folgend, durch gepflegte Parkanlagen zum Hafen führt. Von dort an müssen wir Rorschach durchfahren. Auf einem Radweg gelangen wir neben der Straße nach **Horn**. Bis kurz vor Arbon müssen wir leider auf der Straße bleiben. Bei Steinach vor Arbon gibt es eine Möglichkeit die Straße zu verlassen und am See entlang weiterzufahren.

Im Ried wachsen viele seltene Pflanzen, wie hier der Siegwurz.

Nach den Parkanlagen gibt es einen für Radfahrer erlaubten Strandweg direkt am Wasser.
In **Egnach** achten wir auf die Tafel Seeweg, der dem Bahngeleise entlang nach Romanshorn führt. Auf Radwegen erreichen wir dann **Romanshorn**. Nach dem Bahnhof Romanshorn weist eine Tafel auf den Seeweg Kreuzlingen, der zuerst in Seenähe, dann direkt am See entlang bis Utwil führt. Dort zweigen wir beim Seehof, wegen Fahrverbot, links zur Kirche ab. Wir überqueren die Hauptstraße und fahren die Dozwilerstraße hinein, bis nach 1 km eine autofreie Schotterstraße nach Kesswil abzweigt. Wir kommen zur Kirche in **Kesswil**. Dort fahren wir zum See, um dem Ufer entlang bis nach Kreuzlingen weiterzuradeln. Der See ist hier zum Teil frei zugänglich. Der Seeuferweg ist außer sonntags für Radfahrer frei befahrbar (Umfahrung landeinwärts möglich).

Bonndorf
Ludwigshafen
Nesselwangen
Stahringen
Bodman
Hödingen
Güttingen
Goldbach
Überlingen
Singen
49
Möggingen
Radolfzell
Nußdorf
Birnau
Bodanrück
Mindelsee
Seefelden
Ober
Unteruhldingen
Mainau
Reichenau
Gaienhofen
Konstanz
Meersburg
Stein
Öhningen
Steckborn
Ermatingen
Kreuzlingen
Mammern
Gottlieben
48
Frauenfeld
Weinfelden
Wil
10 km

Weingarten
Ravensburg
gen
Rotach
Friedrichshafen
Immenstaad
50
Argen
Kressbronn
Langenargen
Kesswil
Uttwil
Romanshorn
Lindau
Nonnenhorn
Wasserburg
Schachen
Egnach
Arbon
Bregenz
Steinach
Horn
Hard
Staad
Fußach
Bregenzer Ach
Höchst
Rorschach
Buriet
Rheineck
allen
St. Margrethen
Lustenau

49 Radwanderung rund um den Bodensee, Teil II

Wir lernen den Untersee und Überlingersee kennen

Konstanz – Stein a. Rh. – Radolfszell – über den Bodansrück – Ludwigshafen – Überlingen

Ausgangsort: Kreuzlingen, 398 m.
Strecke und Fahrzeit: 66 km, 4 Std.
Anforderungen: Leichte Steigung am Bodansrück.

Einkehrmöglichkeiten: Ghs. entlang der ganzen Strecke.
Sehenswertes: Das malerische Örtchen Gottlieben und Stein am Rhein.

Diese Uferstrecke steht teilweise unter Naturschutz und ist zum Großteil frei zugänglich.

Von Konstanz über Stein am Rhein bis Überlingen: In Kreuzlingen überschreiten wir die Grenze und fahren seeseitig durch Konstanz bis zur Rheinbrücke. Diese überqueren wir nicht, sondern setzen beim Torturm unseren Radweg dem Seerhein entlang fort. Nach der zweiten Rheinbrücke führt die Radmarkierung wieder in die Schweiz. Gleich nach der Grenze benützen wir einen Radweg links von der Straße.Dann ist auf eine Rechtsabzweigung Richtung Strandbad Kuhorn zu achten. Dem Rhein entlang kommen wir nach **Gottlieben**. Direkt am Ufer umfahren wir die sehenswerte Ortschaft. Unsere Route folgt nun weiter dem Ufer des 15 km langen Untersees über Ermatingen, Steckborn bis Stein am Rhein, wobei wir zwischen Mammern und Eschenz die Hauptstraße verlassen können. In **Stein am Rhein** machen wir eine Runde, denn das alte Städtchen ist in seiner mittelalterlichen Bauweise einmalig.

Zwischen Stein und Öhningen überschreiten wir auf der Landstraße die Grenze und fahren in **Öhningen** auf dem betafelten Bodensee-Radweg dem Untersee entlang. In Gaienhofen verlassen wir bei der zweiten Kirche die Landstraße nach rechts und fahren auf dem „Höri-Rundweg" durch ein Naturschutzgebiet in Ufernähe nach Radolfszell. Von **Radolfszell** fahren wir direkt über die Halbinsel Bodanrück nach **Bodman.**

Dazu fahren wir zunächst Richtung Konstanz bis zur Linksabzweigung Möggingen. Nach der Kirche Möggingen zweigen wir links nach Güttingen ab. Nach der Kirche von **Güttingen** zweigen wir die zweite Straße links, am Gasthaus Adler vorbei, ab. Über Nebenstraßen kommen wir auf die Straße nach Ludwigshafen, die wir überqueren und auf einem Radweg nach Stahringen fahren. Nach **Stahringen** benützen wir die Radwege neben der Bundesstraße. Wir zweigen nach **Bodman** ab. Von diesem Ort hat der Bodensee den Namen. In Bodman zweigen wir 100 m nach der Ortsende-Tafel rechts auf den Bodensee-Rundweg ab. In **Ludwigshafen** fahren wir zur

Das Ried ist im Frühsommer ein blühendes Paradies.

zweiten großen Kirche. Da wir der verkehrsreichen Uferstraße nach Überlingen ausweichen wollen, fahren wir beim Hotel Löwen neben der Kirche links die Hauptstraße hinauf.
Wir zweigen bald Richtung Bonndorf, Haldendorf (Tafel) ab. Auf der Autostraße überwinden wir etwa 200 Höhenmeter und fahren nach dem Wald in die Rechtsabzweigung „Weiherhof Buohof" (Tafel). Ein stilles Hügelland belohnt diesen Aufstieg. In **Buohof** beim Wegkreuz links hinauf (Weg 30).
Wir kommen auf eine Autostraße: Achtung dort links, später ohne Abzweigung nach Sipplingerberg weiter. Bei der nächsten Straßengabelung fahren wir rechts in die Brüchgasse und kommen durch **Nesselwangen**. 2 km nach der Ortschaft zweigt der Bodensee-Rundweg (Tafel) bei einem Wegkreuz ab. Später weist eine Tafel nach Hödingen. Wir bleiben auf der besseren Asphaltstraße und folgen dann der Tafel „Überlingen – Hödingen". In **Hödingen** weisen die Radtafeln nach Goldbach. In **Goldbach** biegen wir nach Überquerung der Bundesstraße ohne Tafel links ab. Nach einer Steigung erreichen wir **Überlingen**.

50 Radwanderung rund um den Bodensee, Teil III

Entlang dem belebten Bodenseeufer von Überlingen bis Bregenz

Überlingen – Meersburg – Friedrichshafen – Lindau – Bregenz

Ausgangsort: Überlingen, 403 m.
Ausgangspunkt: Strandweg nach Überlingen.
Strecke und Fahrzeit: 60 km, knapp 4 Std.

Einkehrmöglichkeiten: Zahlreiche Ghs.
Sehenswertes: Klosterkirche Birnau, von dort Abstecher zum Affenberg, Pfahlbaudorf Unteruhldingen, Uferpromenade und Schloß Meersburg.

Wir benützen, soweit möglich, die Fahrradwege dem See entlang. Nur vor Meersburg ist eine Umfahrung in den oberen Ortsteil lohnend.

Von Überlingen bis Bregenz:

Wir durchfahren Überlingen auf der Stadtstraße bis zu den Bahnschranken, wo wir rechts auf den Strandweg (Radtafeln) abbiegen. Ende **Nußdorf** unter der Bahn durch, finden wir rechts die weiterführende Radtafel (Richtung Maurach). Wir bleiben links der Bahnlinie.

In **Birnau** gehen wir zur Wallfahrtskirche hinauf. Kirche und Aussicht vermitteln einen bleibenden Eindruck.

Von Birnau kann ein Abstecher zum 3 km entfernten Affenberg, einem Gehege für Berberaffen, gemacht werden (landeinwärts). Nach Birnau biegen wir auf der Autostraße die erste Abzweigung zum See ab. Ein Asphaltweg führt über **Seefelden** nach Unteruhldingen, wo die Pfahlbauten besichtigt werden können. In **Unteruhldingen** biegen wir nach der Kirche in die Schulstraße, überqueren die Bundesstraße 31 und fahren auf der Bergstraße Richtung Meersburg. Wir nehmen den unteren Waldweg und wechseln dann auf den oberen Waldweg (Tafeln Bodensee-Radwanderweg). Wir fahren in **Meersburg** zum Dampferhafen und von dort auf der Straße dem See entlang. Von Meersburg bis Hagnau führt ein autofreier Asphaltweg zwischen Weinbergen und dem See entlang. Bei der Hagnauer Kirche folgen wir der Strandbadstraße zum Strandbad, dann auf der alten Straße am Schloß Kirchberg vorbei. Mangels Seeweg müssen wir auf dem Radweg neben der B 31 bis Friedrichshafen durchfahren.

In **Friedrichshafen** fahren wir 2 km auf einem Radweg neben der Straße. Nun sollte die Brücke über die Rotach nicht übersehen werden, denn unmittelbar nach der Brücke biegen wir rechts auf den Eriskircherweg ab. Dieser führt dem Ufer entlang durch ein Naturschutzgebiet nach **Langenargen**. Vor der Langenarger Kirche können wir das auf einer Halbinsel stehende Schloß Montfort besichtigen.

Nach dem Ortskern von Langenargen kann man wieder auf den Uferweg

Abendstimmung am Bodenseeufer.

abzweigen. Der Wocherhafen ist links zu umfahren. Es folgt ein Holzsteg über die Argen. Ein betafelter Fußweg führt nach Kressbronn zum Strandbad, von wo wir den Gehsteig benützen. In **Nonnenhorn** führt die Uferstraße durch ein Naturschutzgebiet bis Wasserburg.
In **Wasserburg** lohnt sich ein Abstecher zur Kirche. Dies ist ein landschaftlich und vom Ortsbild her besonders ansprechender Platz. Kurz nach der Ortsmitte von Wasserburg können wir rechts auf einen Fußweg nach Lindau abzweigen. Das Hotel Bad Schachen ist wieder ein Punkt, wo man eine Besichtigungspause einlegen kann. Nach einigen Minuten zweigen wir dann rechts auf einen Radweg nach Lindau ab. In **Lindau** können wir auf der ersten Brücke (Eisenbahn) zu einer Besichtigung der Insel hin- und auf der zweiten Brücke wieder zurückfahren. Nach Lindau fährt man bis zum Bahnübergang und zweigt vor diesem auf eine Nebenstraße am Lindauer Güterbahnhof ab. Wir folgen einem schönen Radweg bis zum Campingplatz vor der Grenze. Von dort müssen wir auf der Hauptstraße den Zoll passieren. Gleich nach dem Zollamt rechts benutzen wir einen Uferweg bis nach **Bregenz**.

Stichwortverzeichnis

Die Zahlen beziehen sich auf die jeweiligen Tourennummern.

Umweltschutz für das Gebirge

Die Gebirge sind von Natur aus die am schwierigsten und mühsamsten zugänglichen Landschaften. Das hat sie im Vergleich zu den zahmeren Gebieten länger vor Belastungen und Zerstörungen durch Menschen bewahrt.
Wo allerdings dem Massenverkehr durch Straßen-, Autobahn- und Seilbahnbau Wege geschaffen werden, entwickelt sich die große Zahl von Menschen auch im Gebirge rasch zum Problem.
Andererseits können wir besonders im Gebirge erfahren, wie wohltuend intakte Landschaft ist. Und deshalb können wir gerade dort den Willen entwickeln, selbst beizutragen, daß unsere Umwelt allgemein und die von uns bewunderten Naturschönheiten im besonderen bewahrt werden.

Offensichtlich ist dafür nötig eigenes unweltschonendes, „sanftes" Verhalten im Gebirge selbst:

- **Alle Pflanzen und Tiere respektieren.**

Wer etwas zur Erinnerung mitnehmen möchte, tue dies nur per Kamera und Film.

- **Alle Abfälle wieder mit ins Tal nehmen.**

Auch die ganz kleinen. Auch die von anderen Menschen. Die weggeworfenen Objekte verrotten nur langsam und schaffen zugleich jene Atmosphäre von Verwahrlosung, die zum Wegwerfen weiterer Abfälle animiert. Auch das „Verstecken" von Abfällen unter Steine, in Felsspalten usw. ist ein miserable Lösung.

- **Keine Wegabschneider im erosionsgefährdeten Gelände.**

Sie können erhebliche Schäden an Vegetation und Boden auslösen. Aber auch im stabilen Gelände an die Wege halten.

- **Mit Kochern sorgsam umgehen. Keine offenen Feuer.**

Letztere sind zwar romantisch, aber Holz wächst in der Höhe extrem langsam. Ganz abgesehen von der Waldbrandgefahr in den durch Luftverschmutzung geschwächten Bergwäldern.

- **Mountain Bike nur auf festen Wegen.**

Das Bergrad ist zwar emissionsfrei, kann aber auf Gras und Schutt erhebliche Erosionsschäden auslösen. Rücksichtsvolles Verhalten bei Begegnung und Überholen von Bergwanderern sollte selbstverständlich sein.

Solche Verhaltensregeln sind schon recht gut im Bewußtsein aller Bergbesucher/innen verankert. **Dagegen ist bei der Anfahrt als dem umweltschädigendsten Vorgang beim Bergsteigen noch viel Änderung unseres Verhaltens nötig:**

- **Wo immer möglich Bahn, Bus oder Rad zur Anfahrt benutzen.**
- **Wenn schon Auto, dann als Fahrgemeinschaft.**
- **Auf jeden Fall im Gebirge alle Fahrverbote respektieren.**

Die größten Zerstörungen richtet im Gebirge die „Erschließung" an. Der Bagger bringt mehr um als ganze Generationen von Bergsteigern. Dabei argumentieren die Planer von neuen Straßen, Bergbahnen, Liften, Hotels usw. mit unserer Nachfrage.

Wir können und sollten uns in besonders folgenreiche Planungen einmischen:

- **Durch mündliche und schriftliche Kontakte mit den für neue Bauprojekte an Straßen, Liften usw. zuständigen Stellen (bei Bürgermeistern, Kurverwaltungen, Vermietern, Zeitungen und Zeitschriften).**
- **Durch ideelle und finanzielle Unterstützung der Umweltverbände, Bürgerinitiativen und Alpenvereine für die Erhaltung der unverbauten Natur und für Schadstoffreduzierung und -verhinderung.**
- **Durch ideelle und finanzielle Unterstützung von Initiativen und Verkehrsklubs mit tatsächlich umweltgerechter Zielsetzung, für Ausbau und attraktive Preisgestaltung von Bahnen und Bussen und Zurückdrängung des Autoverkehrs.**

Damit die Ursprünglichkeit der Gebirge als ihr größter Wert bewahrt – oder wiederhergestellt – wird. Damit der Wald sich erholen kann und Schutt und Wasser auch weiterhin von seinen Wurzeln gehalten werden. Und damit unsere eigene Gesundheit erhalten bleibt, um uns an den Gebirgen noch möglichst lange freuen zu können.

Richard Goedeke, Garant von Mountain Wilderness

Bergverlag Rudolf Rother – Verlagsprogramm

Landshuter Allee 49, 8000 München 19, Telefon (089) 12 21 30-10

Alpenvereinsführer

Allgäuer Alpen
Ammergauer Alpen
Ankogel-, Goldberggruppe
Berchtesgadener Alpen
Brentagruppe
Chiemgauer Alpen
Civettagruppe
Cristallogruppe, Pomagagnonzug
Dachsteingebirge Ost und West
Eisenerzer Alpen
Geisler-, Steviagruppe
Gesäuseberge
Glockner-, Granatspitzgruppe
Heiligkreuzkofel
Hochkönig
Hochschwab
Kaisergebirge
Karawanken
Karnischer Hauptkamm
Karwendelgebirge
Kitzbüheler Alpen
Lechquellengebirge
Lechtaler Alpen
Lienzer Dolomiten
Loferer und Leoganger Steinberge
Marmolada
Mieminger Kette
Ortlergruppe
Ötztaler Alpen
Pelmo
Puezgruppe und Peitlerkofel
Rätikon
Rieserfernergruppe
Rofangebirge
Rosengartengruppe
Samnaungruppe
Schiara
Schobergruppe
Sellagruppe
Sextener Dolomiten
Silvretta
Stubaier Alpen
Tannheimer Berge
Tauern, Niedere
Tennengebirge
Totes Gebirge
Venedigergruppe
Verwallgruppe
Wetterstein
Zillertaler Alpen

Gebiets- und Auswahlführer

Adamello-, Presanella- und Baitonegruppe
Allgäuer Alpen
Allgäuer Bergland
Aostatal
Bayerisches Hochland Ost
Bayerisches Hochland West
Bayerische Voralpen (Kletterführer)
Berchtesgadener Alpen
Bergell
Bergamasker Alpen
Berner Alpen
Berninagruppe
Brandnertal
Bregenzerwald-, Lechquellengebirge
Brentagruppe
Dachsteingebirge
Dauphiné
Dolomiten Ost
Dolomiten West
Dolomiten mit Brentagruppe, Mendelkamm und Gardaseebergen (Klettersteige)
Dolomiten-Höhenwege 1 – 3, 4 – 7, 8 – 10
Nordöstliche Dolomiten
Südöstliche Dolomiten
Dolomiten, Mitterschwere Felsfahrten
Gailtaler Alpen
Gesäuse
Glockner-, Granatspitz- und Venedigergruppe
Gran Paradiso
Graubünden
Heilbronner Weg
Hindelang
Julische Alpen
Julische Alpen, Westliche
Julische und Steiner Alpen
Kaisergebirge
Kalkalpen, Nördl., Höhenwege
Kalkalpen, Nördl., Ost (Klettersteige)

Kalkalpen, Nördl., West (Klettersteige)
Kalkalpen, Nördl., West, Mittelschwere Felsfahrten
Karwendelgebirge
Kreuzeck-, Reißeck- und Sadniggruppe
Lechquellengebirge
Lechtaler Alpen
Loferer und Leoganger Steinberge
Marmolada und Fassaner Dolomiten
Montafon
Montblancgruppe
Norwegen
Ortlergruppe
Ötztaler Alpen
Palagruppe
Paznaun
Peitlerkofel und Plosegebiet
Peru
Pyrenäen
Rätikon
Rosengarten
Sarntaler Alpen
Schwangau
Sextener Dolomiten
Silvrettagruppe
Stubaier Alpen
Südtirol 1, 2, 3 und 4
Totes Gebirge
Tuxer Voralpen
Walliser Alpen
Watzmann-Ostwand
Wettersteingebirge
Zillertaler Alpen
Zoldiner und Belluneser Dolomiten

Wanderführer

Appenzeller Land
Berchtesgadener Land
Bodensee bis Brandnertal
Bregenzerwald
Chiemgau
Dolomiten
Gardaseeberge
Rund um Innsbruck
Rund um Meran
Montafon
Oberallgäu und Kleinwalsertal
Ostallgäu und Lechtal
Osttirol
Salzkammergut
Stubaier Alpen
Tannheimer Tal
Vinschgau
Zillertaler Alpen
Rund um die Zugspitze

Skiführer

Allgäuer Alpen
Haute Route
Kitzbüheler Alpen
Ortler
Ostalpen 1, 2, 3, 4, 5, 6, 7
Ötztaler Alpen
Silvretta und Rätikon
Stubaier Alpen

Alpine Lehrbücher

Die Anwendung des Seiles
Bergrettungstechnik
Bergwandern – Bergsteigen
Sicher Eisklettern
Alpine Eistechnik
Alpine Felstechnik
Sicher Freiklettern
Grundschule zum Bergwandern
Lawinen
Mit Kindern in die Berge
Orientierung im Gebirge
Alpine Seiltechnik
Tourenskilauf
Wetter und Bergsteigen
Alpines Wildwasserfahren

Bildbände

Abstieg zum Erfolg
Augenblicke oben – Klettern in den Westalpen
Bergell
Bernina
Dolomiten-Höhenwege 1 – 10
Das Gesäuse
Die Göttin des Türkis
High Life – Sportklettern weltweit
Hohe Ziele – Hütten der Alpen
Das Buch der Klettersteige
Luft unter den Sohlen – Klettern in den Sextener Dolomiten
Nepal – Schritt für Schritt
Die großen Skihütten der Ostalpen
Die großen Skihütten der Westalpen
Spurensuche – Anstiege auf berühmte Gipfel der Ostalpen
Viertausender der Alpen
Wallis

Die Aussichtspunkte der Alpen

Hohe Ziele – Hütten der Alpen

Herausgegeben
von Helmut Krämer
Best.-Nr. 7003-X,
DM 58,–

192 Seiten, 86 Farb- und 10 Schwarzweißabbildungen, 86 Kartenskizzen und eine Übersichtskarte. Querformat 31,2 × 26,5 cm. Efalin mit Schutzumschlag.
85 Hütten von den Ligurischen Alpen bis zur Rax werden in diesem besonders großzügig aufgemachten Bildband mit ganzseitigen Farbbildern porträtiert. Der Begleittext dazu ist betont sachlich und informativ gehalten – auf Überraschung wurde zugunsten zuverlässiger Angaben verzichtet. Ergänzt werden die Beschreibungen von bibliographischen Hinweisen auf die Führerliteratur und die dazu passenden Karten. Viele Mitarbeiter der Fachzeitschrift BERGWELT haben ihr Wissen und ihre Gebietskenntnis in dieses Werk eingebracht. Es richtet sich vornehmlich an diejenigen Bergfreunde, die genießen und schauen wollen.

Feldkircher Hütte, 1200 m

auf dem Vorderälpele. Besitzer: Touristenverein „Die Naturfreunde", Feldkirch. Ausgangspunkt für das Dreischwesterngebiet (Fürstensteig). Öffnungszeiten vom 1.5. bis 15.10. Voll bewirtschaftet, 12 Betten, 40 Lager, Materialseilbahn von Amerlügen zur Hütte (Rucksacktransport). Erreichbar von Feldkirch in 2½ Std., von Frastanz in 2 Std., von Amerlügen in ¾ Std.

Auskunft: Touristenverein „Die Naturfreunde", 6800 Feldkirch-Nofels, Kneippstraße 42, Telefon 0 55 22/21 62 34 (0 55 22/7 79 79)